SIRIS

DU MÊME TRADUCTEUR

A LA MÊME LIBRAIRIE

Le Problème Moral dans la Philosophie Anglaise de 1900 a 1950. 1967, in-8 de 256 pages.

Le Problème de la Connaissance d'autrui dans la Philosophie Anglaise Contemporaine. 1968, in-8 de 156 pages.

INTRODUCTION

Il semble que Berkeley ait entendu parler pour la première fois de l'usage de l'eau de goudron contre la petite vérole durant son séjour en Amérique, de 1728 à 1731. A partir de 1741, il mentionne plusieurs fois le sujet dans sa correspondance. Il a employé avec succès contre la dysenterie de la poudre de résine dissoute dans du bouillon, et cela l'amène à réfléchir sur les propriétés thérapeuthiques de cette substance. Il y était conduit par sa santé déclinante, à laquelle il fait plusieurs fois allusion. Il y était conduit surtout par les terribles répercussions, en Irlande, de la famine de 1739. Il y a chez Berkeley un très bel allocentrisme, qui se manifeste à de multiples reprises au cours de sa vie, et qui se traduit dans sa vieillesse par un amour des hommes très large et très éclairé. Evêque, pasteur de son troupeau, il l'était dans toute l'étendue du terme, et, devant les souffrances de ses ouailles, il n'aurait su se contenter de leur offrir un réconfort spirituel. Dans ce diocèse pauvre et isolé, comme il nous le rappelle lui-même, les humbles gens allaient volontiers consulter leur évêque sur des questions médicales. Les docteurs étaient rares, et de formation médiocre. Berkeley était en mesure, par ses dons exceptionnels, sa bibliothèque bien fournie, son goût de l'expérience, son sens critique, d'acquérir rapidement une culture médicale et une pratique du malade très supérieures à celles du docteur ordinaire de l'époque. Et la gent médicale se mêlait souvent de religion : pourquoi, dès lors, rétorque Berkeley, ne m'occuperais-je point de médecine ?

Il avait pris soin de constituer tout un système théorique pour appuyer sa découverte. Mais en cet ordre de choses, le temps et l'expérience demeuraient pour lui juges suprêmes : nul principe, nulle explication ne peut parler plus fort que les faits. Il a volontiers reconnu qu'il tenait l'eau de goudron pour une panacée probable. Dans cette recherche du remède universel, il n'était point le seul de son siècle. Boerhaave, qui écrivait vers 1720, reconnaissait encore les alchimistes pour les maîtres suprêmes de l'art et pour des explorateurs consommés des choses de la nature. Et l'idée même de panacée fournissait à Berkeley un nouvel argument : si telle est la promesse de bienfaits pour l'humanité, ne convient-il pas de tout faire en notre pouvoir pour en établir la valeur ? Il ne s'avançait, d'ailleurs, qu'avec une extrême prudence : parti du traitement de la variole, il passa ensuite à celui des infections du sang, et il n'étendit que graduellement son enquête. Chaque cas est commenté pour ce qu'il vaut, et Berkeley ne nous cache ni ses doutes, ni ses échecs, pour rares qu'ils soient. Au total, il pouvait revendiquer en faveur de son remède trois avantages indiscutables : l'eau de goudron est peu coûteuse, elle ne requiert aucun régime, il est possible de l'administrer même aux enfants. Quant à la manière personnelle qu'il avait de la préparer, il souligne seulement qu'elle est plus adoucissante et plus agréable au palais.

L'eau de goudron est demeurée pendant très longtemps, à vrai dire jusqu'à la veille de la première guerre mondiale, un remède recommandé. On l'employait comme excitant des membranes muqueuses. On l'obtenait en faisant macérer vingt-quatre heures dans un litre d'eau cinq grammes de goudron, divisé dans quinze grammes de sciure de bois de sapin. On utilisait aussi le sirop de goudron, obtenu par solution de sucre dans l'eau de goudron. On faisait même de la pommade de goudron avec une partie de goudron et neuf d'axonge. Pris à l'intérieur, le goudron était encore considéré comme béchique, expectorant, diaphorétique ; à l'extérieur, comme antiparasitaire. Plus récemment, un médecin irlandais a pris soin d'examiner en détail les cas de guérison attribués à l'eau de goudron, cités dans l'ouvrage de Thomas Prior, l'ami intime de Berkeley. Il ressort de son analyse qu'il s'agit principalement de toux chroniques et de maladies de la poitrine, que l'eau de goudron soulage indubitablement : mais on ne peut expliquer à partir d'elle les autres cas de guérison très variés, que mentionnent Berkeley et Prior.

Quoi qu'il en soit, la *Siris* reçut un accueil immédiat et sensationnel. Publiée au début de 1744, elle eut six éditions la même année, deux à Dublin et quatre à Londres. Le remède connut une vogue extraordinaire dans toutes les classes de la société anglaise. Le succès gagna bientôt le continent, comme en font foi les premières traductions des parties médicales de l'ouvrage.

Les docteurs et les apothicaires, qui se sentaient lésés dans leurs intérêts, réagirent vigoureusement. Ils employèrent tour à tour contre Berkeley la détraction, l'argument d'autorité, la raillerie. Rien n'y fit. Le remède continua à gagner des adeptes. De Grande-Bretagne, il se répandit à travers toutes les colonies anglaises. Tant et si bien qu'en 1752, Berkeley pouvait proclamer que l'eau de goudron était employée avec succès du Nord au Sud, des Indes aux Antilles.

La *Siris*, que l'auteur composa à Cloyne, est la dernière œuvre majeure du philosophe. σειρίς, diminutif de σειρά, signifie corde mince ou chaînette. Le titre semble avoir été choisi pour une double raison : d'une part, il désigne la forme même de l'ouvrage ; de l'autre, il évoque la structure du monde, qui en émane. Mais les deux aspects ne sont pas coupés l'un de l'autre. Si la *Siris*, de par sa forme même, est une image de la structure du monde, ce n'est point l'effet du hasard. Il n'a rien à voir ici, car il n'explique rien. On peut, certes, se mettre à méditer, mais la méditation ne varie pas à chaque souffle de vent, surtout quand c'est le fait d'un caractère nettement secondaire, comme celui de Berkeley. Il semble, au contraire, que l'attitude de détente mentale adoptée, en ce sens qu'on ne se propose pas d'écrire un traité, permette à tous les thèmes majeurs de la pensée d'affleurer successivement à la conscience claire. D'ailleurs, le mot traité peut faire lui-même illusion, car il y a des traités rigoureux et secs, effets d'un champ de conscience étroit ; mais il y en a de rigoureux et d'amples à la fois, coupés de redites et de longueurs, tel le *Traité* de Hume, et qui procèdent d'un champ de conscience large. S'il est une chose que Berkeley déteste, et qu'il reproche tout à la fois à Aristote et aux scolastiques, c'est la sécheresse de l'écriture. Pourquoi ? Parce qu'il avait lui-même un champ de conscience très large, servi par l'émotivité et l'allocentrisme. D'où la séduction de sa personne et de son style. Si donc un passionné équilibré, large et allocentrique, se met à méditer, il faut bien comprendre, au départ, que la méditation n'aura rien de désordonné : elle sera ample, elle sera variée, mais elle ne sera surprenante que pour un esprit étroit. Au total, ce que Berkeley nous donne ici est quelque chose de très lié — la *Siris* mérite bien son nom —, quelque chose d'écrit de très près ; on peut même dire qu'il n'y a pas un mot de trop. Le rythme de la phrase varie : quand Berkeley est proche de ses maîtres latins et grecs, elle garde volontiers l'ampleur de la période classique ; mais quand il se reprend à penser sur ses thèmes juvéniles, la phrase est courte et incisive ; lorsque, vers la fin de l'ouvrage, la méditation s'élève vers les dogmes chrétiens, le rythme est souvent celui de l'orateur sacré. Mais, en tous ses genres, on ne peut s'empêcher de noter combien la prose de Berkeley, surtout dans ses expressions abstraites, a été marquée par le français des grands siècles classiques.

Il y a donc une chaîne, l'auteur nous l'indique lui-même, qui court à travers le système tout entier des choses. L'image n'est pas nouvelle : elle est néo-platonicienne à l'origine. Mais Berkeley lui a donné un contenu précis : la Nature physique est unifiée par le Feu éthéré ; ce feu est souffle *(spirit)* : l'unité qu'il impose aux corps descend elle-même de Dieu, qui unifie ainsi l'univers entier. A l'une des extrémités de la chaîne, il y a donc ce qui est grossièrement sensible ; à l'autre, ce qui est purement intelligible. De la considération des corps, nous nous élevons à celle de la vie qui meut les choses ; puis, de là, à l'Esprit d'où tout découle et qui contrôle tout. Dans l'esprit fini, qui est le nôtre, il existe un mouvement ascensionnel similaire : des sens à l'imagination et à la raison discursive ; et, de là, à l'intellect, qui est pure vision intuitive. On peut dire encore, en combinant les deux, que de l'effet ultime qu'est l'appréhension humaine — c'est-à-dire, du fait que nous saisissons la lumière et la chaleur —, nous passons au corps enflammé ou vivifié, pour monter vers le Feu qui enflamme et qui vivifie : lui-même n'est qu'un instrument passif, qui nous renvoie à la cause ultime en Dieu, qui dirige et dispose toutes choses. Dans cette perspective, le monde apparaît sous une double lumière : il est, d'une part, le domaine qui nous est donné pour exercer notre activité et auquel nous pouvons raisonnablement nous fier : il est, d'autre part, un objet de contemplation, fait pour amener celui qui le regarde à s'élever vers l'Auteur de toutes choses.

Le premier maillon de la chaîne se trouve être, de fait, le goudron végétal, sur lequel la réflexion de Berkeley se concentrait à cette époque de sa vie. C'est de lui qu'il part pour s'élever graduellement vers la Trinité. Il commence donc par donner des conseils de médecine pratique. Celle-ci l'amène à en chercher la justification théorique : il la placera dans la physiologie végétale et animale, telle qu'il pouvait la découvrir chez les Anciens, d'une part, et dans les recherches contemporaines, de l'autre. Mais le monde de la vie obéit à une force qui le stimule en toutes ses parties, à savoir l'Ether. La science, qui s'est élevée à son plus haut point, débouche sur la métaphysique. Celle que Berkeley retiendra, de préférence, sera celle de la sagesse grecque, elle-même écho de traditions orientales antérieures, mais qui toutes deux annoncent mystérieusement le Dieu trine des Chrétiens.

Il faut lire les parties scientifiques de la *Siris* dans le contexte de l'époque. Il faut se rappeler aussi qu'au moment où Berkeley commence à rédiger l'ouvrage, il réside depuis dix ans à Cloyne, loin de tout contact intellectuel, comme il s'en plaint lui-même. L'étude des science de la nature n'était pas sa vocation propre ; elle ne constituait pas non plus sa passion dominante ; mais il lui portait un intérêt éclairé. Afin de pallier à sa solitude intellectuelle, il s'était constitué une importante bibliothèque. Pour juger de l'étendue de celle-ci, il faut passer en revue les multiples références que contient la *Siris*. Elles vont des Oracles chaldéens et des Ecrits hermétiques aux dernières transactions de l'Académie anglaise des Sciences et aux *Acta eruditorum* de Leipzig.

En 1744, seule la physique avait commencé d'acquérir son statut de science moderne. La botanique, la chimie, la médecine n'en étaient sous ce rapport qu'à leurs premiers balbutiements.

La botanique intéresse Berkeley au premier chef parce que le goudron qu'il étudie n'est pas celui qu'on peut tirer de la houille, charbon fossile, mais celui produit par la combustion de conifères, parvenus à leur parfait état de maturité. Il s'appuie volontiers sur Théophraste et Pline l'Ancien ; mais il a lu ses modernes, particulièrement John Evelyn, qui avait traité des arbres forestiers, et John Ray, l'illustre naturaliste. Au cours de ses voyages en Italie, Berkeley avait eu l'occasion de rencontrer Malpighi. Il avait étudié Nehemiah Grey, qui demeure, avec le savant italien, l'un des fondateurs de l'anatomie végétale. Il percevait tout l'intérêt qu'allait bientôt offrir l'emploi généralisé du microscope. En physiologie végétale, on venait de découvrir la similarité des fonctions de la plante et de l'animal. Ce thème reviendra très souvent dans la *Siris*.

La chimie intéresse Berkeley pour deux raisons principales : d'une part, il essaie de déterminer les parties constituantes du goudron ;

d'autre part, il s'applique à justifier sa propre manière de préparer le remède — c'est-à-dire par simple dissolution dans l'eau froide —, de préférence à la distillation. Mais la révolution qu'accompliront Priestly, Lavoisier et Dalton est encore à faire. La théorie des humeurs de Galien avait connu un très long succès. On peut considérer l'alchimie comme une réaction contre ce système. A l'époque de Berkeley, elle occupait encore une position dominante, mais sous une forme nouvelle. Il ne s'agissait plus tant de transmutation des métaux, que soit d'iatrochimie, soit d'iatrophysique. Le premier terme était dû à Paracelse : dans cette direction, on s'attachait à étudier les transformations au sein des phénomènes vitaux dans le but de servir la médecine ; de leur côté, les iatrophysiciens appliquaient ce qu'on savait de mécanique à ces mêmes phénomènes. Ce dernier type de recherche pouvait mener à l'iatromécanisme, c'est-à-dire au système philosophique qui entend réduire les phénomènes vitaux et la thérapeutique aux lois du mouvement ; on a dit que Boerhaave avait défendu un tel système. Jean-Baptiste Van Helmont, qui s'inspirait de Paracelse, et dont on retrouve le nom sous la plume de Berkeley, avait, comme les alchimistes, distingué trois éléments : le soufre, le mercure et le sel ; mais, par là, il ne désignait au total que les facteurs de combustibilité, de liquidité ou de solidité de chaque corps. Robert Boyle devait critiquer cette théorie et définir les éléments comme nous les entendons aujourd'hui. Mais cela ne devait pas empêcher la théorie de Van Helmont de survivre jusque vers la fin du XVIIIe siècle. La découverte récente la plus considérable touchait l'air : depuis Paracelse, on savait qu'il constituait un mélange ; mais on venait d'établir qu'il contenait une partie nécessaire à la fois à la combustion et à la respiration. L'ouvrage le plus connu était les *Elementa chemiae* de Boerhaave. Berkeley s'appuie sur ce texte pour élaborer ses propres conceptions. Il ne peut faire plus que de considérer les processus chimiques sous leur aspect corporel. S'il admet une Ame du Monde, il proclame hautement qu'elle est corporelle, elle aussi. Pour lui, en effet, en dehors des esprits humains, des anges et de Dieu, il n'y a pas d'esprits au sens plein du terme.

En médecine, certains continuaient d'admirer Hippocrate (Sydenham, Boerhaave). Cependant, l'idée nouvelle était que le santé réside en un équilibre des sucs acides et des sucs alcalins. Elle avait été pressentie dans une certaine mesure par Van Helmont. Mais elle n'avait été formulée clairement que par Sylvius de Leyde, vers le milieu du XVIIe siècle. Boerhaave adopta l'idée. Elle fut répandue en Angleterre par Thomas Willis. A son tour, Berkeley incline à l'accepter. Il admire Hippocrate. Il voit dans la maladie un effort de la nature pour rejeter la matière morbifique. A la suite de Boerhaave, il énonce qu'il faut aider l'organisme, et non point lui faire violence ; qu'une substance naturelle a plus de chances de réussir qu'une substance artificielle. Aussi rejette-t-il la saignée, et d'une manière générale, les remèdes de son époque, qui, dit-il, guérissent parfois le malade, mais le laissent si affaibli qu'une fois guéri de son mal, encore lui faut-il se guérir des remèdes. Il prend grand soin toutefois de se tenir au courant des dernières recherches thérapeutiques, dans son pays comme ailleurs.

A partir de cet ensemble de données botaniques, chimiques et médicales, Berkeley a édifié sa propre cosmologie. En un sens, on peut dire que celle-ci est plus aristotélicienne que platonicienne, car il lui reconnaît un niveau propre d'explication, celui de la causalité physique, où l'on peut tolérer l'emploi du terme cause, encore qu'il désigne, au vrai, une simple instrumentalité passive. L'étude de la causalité stricte, qui, pour lui, n'appartient qu'à l'esprit, est réservée à la métaphysique.

La pièce suprême de cette cosmologie est le Feu éthéré ou Feu élémentaire, qui se distingue radicalement du feu sensible. Il est partout présent, mais partout insaisissable ; il est le principe actif universel ; il échappe, par nature, à la génération comme à la corruption.

Il est curieux de noter que Berkeley avait déjà décrit ce Feu éthéré dans l'*Alciphron*, publié en 1732. Mais c'était dans un but satirique assez évident, puisqu'il place la tirade dans la bouche du plus évaporé de ses personnages. On peut dire, certes, que, comme l'ensemble de la discussion roule sur la nature de l'âme humaine, Berkeley n'entendait point qu'on la lui explique par les lumières de la chimie. Mais si l'on voit dans la tirade une condamnation véritable de la théorie du Feu éthéré, les choses se compliquent singulièrement. Il faut alors supposer qu'outre la source très vraisemblable de la philosophie stoïcienne du feu, telle qu'elle est rapportée par Cicéron dans le *De natura deorum*, Berkeley se réfère à quelque théorie moderne, comme paraît le suggérer une allusion de la tirade à un éminent botaniste contemporain. Serait-ce Boerhaave ? Cela semble assez probable. Mais quel Boerhaave ? Non pas celui que Berkeley admire en 1744 dans ses *Elementa chemiae ;* mais un Boerhaave connu de seconde main, ou peut-être à travers de premières éditions fautives.

La *Siris* pose enfin le problème de l'unité de la philosophie berkeleyenne. Depuis le début du siècle, nombreux sont ceux qui l'ont mise en doute. Entre les premiers écrits du philosophe et cette dernière œuvre majeure, il y aurait contradiction. Certains ont été jusqu'à parler de répudiation. Bref, Berkeley serait passé de l'empirisme au rationalisme.

On peut dresser un tableau des contradictions de Berkeley, et le plus impressionnant est sans doute celui de Kemp Smith :

« La théorie suggérée par Berkeley dans les *Principles,* selon laquelle les lois établies par les sciences physiques sont des lois de coexistence et de consécution des sensations, ne s'accorde pas... avec les théories plus tardives de Berkeley. Comme le déclare Berkeley dans *Hylas :* « Dieu connaît ou a des idées, mais Ses idées ne lui sont » pas transmises par les sens, comme le sont les nôtres » ; et, plus précisément, dans la *Siris* (Sect. 289) : « Dieu connaît toutes choses » comme pur esprit ou intellect ; mais rien par les sens, ni dans, ni

» par l'intermédiaire d'un sensorium. » En d'autres termes, la Nature existe pour Dieu comme schème conceptuel. Les lois de la Nature ne se situent pas au sein des sensations, comme Berkeley l'avait suggéré dans les *Principles*, mais au niveau des facteurs (tout à fait distincts de toute sensation, actuelle ou possible) qu'on trouve seulement dans le schème conceptuel précis en vertu duquel Dieu est déterminé à produire des sensations dans les esprits finis.

» On dit que le vieillard se hâte. Mais est-il tant soit peu vraisemblable que la hâte du vieillard vaille l'ardeur impatiente du jeune homme génial, emporté par les perspectives qu'ouvre une hypothèse nouvelle et prometteuse ? Presque toutes les secondes réflexions de Berkeley ne vont-elles pas à l'encontre des premières ?... Lorsque sa pensée a mûri, il a cessé lui-même d'être « berkeleyen ». Alors qu'il a toujours continué à maintenir une conception spirituelle de la réalité, il en était venu à reconnaître qu'une telle conception est plutôt mise en danger que soutenue par les méthodes de son premier enseignement. Berkeley, comme Hume, a accompli la meilleure partie de son œuvre avant trente ans ; et comme Hume, il n'a pas eu le génie qui lui ait permis une seconde période de pensée créatrice, encore plus haute. Tout au long de ses autres écrits philosophiques, il s'est simplement contenté de retrancher et de modifier, gêné qu'il était par son grand passé chaque fois qu'il tentait d'aller au-delà... Dans toutes les doctrines où il s'écarte de son premier enseignement, il manque d'originalité... il se rabat sur l'enseignement qui a déjà été formulé plus adéquatement par d'autres penseurs. La pauvreté du fond se voit aussi aux défauts de la forme. La *Siris* est presque totalement dépourvue de la lucidité, de l'aisance, et de la simplicité qui caractérisent ses autres écrits. »

Mais il est également possible de montrer point par point, comme l'a fait T. E. Jessop, que toutes les idées centrales des *Principles* (ainsi que la plupart des notations particulières, d'ailleurs), se retrouvent dans la *Siris :*

« 1. L'existence des qualités corporelles ou choses consiste dans le fait qu'elles sont perçues ; elles sont essentiellement relatives à l'esprit : elles sont donc entièrement et uniquement ce qu'elles sont perçues être (cf. *Siris*, Sect. 251, 292, 311 et sv.). Il ne peut pas y avoir d'abstractions dans la pensée (et il ne peut rien y avoir qui leur corresponde dans la qualité) tirées de telles qualités ou choses, sauf celles qui échappent à l'impossibilité sensorielle et logique (Sect. 323, 335). Par suite, il ne peut y avoir d'espace, de mouvement, de grandeurs ni de figures absolus (c'est-à-dire fixes, et indépendants de tout esprit), et il ne peut y avoir de système matériel absolu (Sect. 270 et sv., 304). Les *minima visibilia* ne sont pas des points mathématiques (Sect. 208), et le nombre n'est pas une donnée des sens (Sect. 288, 355).

» 2. Les corps et les esprits sont radicalement distincts (Sect. 290, 297). Considérés comme objets, les corps sont appelés idées, et les esprits notions (Sect. 308).

» 3. Les corps sont inactifs (Sect. 248). Par suite, la physique ne traite pas de connexions causales, mais seulement d'uniformités données (Sect. 231, 293). Par suite, la physique a une valeur pratique (Sect. 264, 285, 295) ; ce qu'on appelle force est un mouvement (Sect. 234, 246), le mouvement est une passion et non une action (Sect. 250), l'attraction est un fait à expliquer, et non un facteur explicatif (Sect. 243, 245).

» 4. Les seuls agents sont incorporels (Sect. 247 et sv.). L'ordre de la Nature indique qu'elle procède d'un esprit (Sect. 154, 173, 231 et sv., 273). Dieu n'est pas une cause des événements naturels initiale et éloignée, mais leur cause constante (Sect. 237) ; il use librement d'instruments (les esprits finis en usent forcément) comme nécessaires pour assister non pas celui qui gouverne, mais celui qui est gouverné (Sect. 160, 261). La Nature est un langage grâce auquel Dieu, de par la connexion régulière des signes et des objets signifiés, communique avec nous (Sect. 254). »

Avant de pouvoir trancher dans un sens ou dans l'autre, il faut procéder à un examen détaillé de textes parallèles, qui ne saurait trouver sa place ici. Cela a été fait de façon très pertinente, et, en un sens, n'est pas à refaire. Mais chacun est libre d'instituer malgré tout son propre examen, s'il le désire. A cet effet, les principaux passages parallèles sont indiqués dans les notes en fin de volume.

Berkeley a senti monter l'athéisme de son temps, et il en a souffert. Ainsi, vers 1740, il a dû avoir en main *A Treatise of Human Nature*. Comme l'a très bien dit A. A. Luce, Berkeley a fait ses classes avec Locke, mais c'est à Malebranche qu'il doit son inspiration, et c'est Bayle qui lui a fait prendre conscience du danger et l'a tenu sur le qui-vive. Berkeley est assez perspicace pour voir que l'auteur du *Treatise* a lu les *Méditations* de Descartes ; que l'auteur a lu aussi la *Recherche de la vérité* de Malebranche ; qu'il a lu également les *Principles of Human Knowledge ;* qu'il a lu enfin les articles métaphysiques du *Dictionnaire* de Bayle. Mais de ces quatre philosophes, c'est évidemment Bayle qui triomphe : un traité de la nature humaine d'où Dieu a disparu, d'où l'esprit a disparu ; une effarante entreprise de nivellement, où selon l'optique qu'on adopte, l'homme est ravalé au niveau de la bête, ou l'animal élevé au rang de l'homme !

Réfuter l'athéisme, en montrant, en autres choses, que les anciens n'étaient pas athées, est un des buts de la *Siris*. Vu sous cet angle, l'ouvrage apparaît comme un vaste et noble sermon. Dans les spéculations antiques, il n'y a rien d'impie. Le prédicateur est humble, et son style dépouillé. Il ne veut pas qu'on lui reproche d'avoir pris les gens au piège, en commençant par ce qui semblait être un livre portant sur la science de la nature, pour en venir à traiter de la métaphysique et de Dieu. A dire vrai, il n'avait pas ce projet quand il s'est mis à l'œuvre. Mais un évêque peut-il méditer longtemps, sans en venir à méditer sur Dieu ? Il a traité de science, certes ; cela était pour lui tâche nouvelle, mais rien de ce qu'il avait pu dire auparavant ne l'en empêchait. Pour autant, il n'a pas voulu faire, en ce domaine, œuvre rigide et systématique.

Les philosophes de la Grèce, de l'Egypte et de la Chaldée portent des traces de profonde pensée. Elles portent aussi des traces de la tradition primitive : Dieu a donné au premier homme des lumières spéciales, qui ne se sont pas entièrement perdues après la chute, et dont ont recueilli quelque étincelle les races qui entourent le berceau de l'humanité.

Lecteur bas et sensuel, tu es venu à moi entraîné par l'amour de ta vie animale, que tu voulais préserver. Mais tu as oublié qu'il court une chaîne à travers tout le système des êtres : chaque anneau tire l'autre : es-tu donc bien à plaindre si tu te trouves attiré par quelque curiosité concernant le monde de l'esprit ? Le plus bas degré est relié au plus élevé.

Les modernes enseignent que l'espace est réel et infiniment étendu ; certains ont été jusqu'à dire qu'il est acte pur, incorporel, immuable, éternel, contenant tout, pénétrant tout, immensité de la cause première : ils ont fait passer l'espace en Dieu. Or, l'espace n'est pas une notion intellectuelle ; il n'est pas davantage perçu par nos sens. Ne vaut-il pas mieux alors y voir avec Platon une sorte de rêve éveillé ?

Dieu est Esprit : non pas une idée abstraite, composée d'éléments contradictoires, et coupée du réel, comme le veulent certains modernes ; mais Souffle de vie réellement existant, distinct de tous les êtres sensibles et corporels.

Or tous les anciens, quelque imparfaites qu'aient pu être leurs conceptions, ont posé un esprit qui préside, qui gouverne, qui conduit toute la structure des choses : c'est dire qu'il n'y a pas chez eux d'athéisme ; et c'est ici que les athées modernes — Hobbes, Spinoza ou tout autre — font figure d'isolés.

Lecteur habitué à considérer seulement les objets sensibles, peut-être trouves-tu mes dissertations sèches et inutiles ? Tes puissances sensitives, par l'usage constant que tu en as fait, ont acquis de la force. Mais l'emploi de ton esprit à des choses purement intellectuelles te paraît ennuyeux. Tu n'es pas le seul, loin de là. Les objets des sens nous affectent avec tant de force ! Beaucoup en font le bien suprême. O hommes, pour ce bien suprême illusoire, vous vous battez, vous vous mentez, vous vous bousculez. Pour ramener quelque douceur parmi vous, pour vous rappeler au sens de la vertu, quel moyen purement humain me reste-t-il sinon d'exercer un peu votre entendement, de vous faire entrevoir par instants un autre monde, supérieur au monde sensible ? Vous êtes venus à moi soucieux de soigner et de préserver la vie animale en vous. Puissé-je vous apprendre en même temps à ne pas négliger la vie de l'esprit.

Qu'on n'aille pas croire que celle-ci est sans effet sur la vie de tous les jours. Depuis un siècle environ, on constate un engouement général pour le mécanisme et l'atomisme. Ces philosophies ne sont pas l'amusement des curieux ; elles sont aujourd'hui au centre de la vie universitaire : elles absorbent la pensée, elles fixent à tel point les esprits sur la considération des objets corporels et sur les lois du mouvement, qu'elles les détournent des sujets spirituels, moraux et intellectuels. Notre époque se juge trop sage pour recevoir encore les commandements de l'évangile ; l'intérêt particulier la gouverne ; on tient le dévouement au bien public pour une généreuse folie ; la culture est devenue un moyen d'asservir autrui à ses fins égoïstes. N'aurait-on pas évité tous ces maux si l'enseignement de Socrate et de Platon avait dominé parmi nous ?

Il a fait l'admiration des siècles, il a donné des patriotes et des législateurs aux Etats les plus florissants, des Pères à l'Eglise, des docteurs à l'Ecole. Badinage, me dira-t-on ? Mais il est aussi, répondrai-je, la pierre de touche des esprits hâtifs et superficiels. A notre époque de libre-pensée, je ne puis m'empêcher de songer qu'il serait heureux pour le pays que notre jeune aristocratie, au lieu des maximes modernes, se pénètre des notions des grands hommes d'autrefois.

Mon sujet aurait pu être traité sèchement ; je l'ai varié par mes digressions ; je l'ai poursuivi jusqu'en des inférences très lointaines. Les maximes vénérables du temps jadis, dont je l'ai émaillé, je ne les présente pas comme des principes de philosophie, mais seulement comme des suggestions pour éveiller ta curiosité, lecteur, pour te donner l'occasion d'exercer ton esprit sur des points que les hommes les plus doués n'ont pas jugé indignes d'eux. Quoi que le monde puisse penser, qui n'a pas longuement médité sur Dieu, sur l'esprit humain, sur le souverain bien, peut sans doute réussir dans ses petites entreprises à ras du sol, mais il ne fera jamais ni un patriote ni un homme d'Etat.

Pour sa part, le philosophe le plus doué, dont les considérations sont les plus sublimes, ne s'élèvera jamais de par sa seule lumière à une notion adéquate de la Sainte Trinité. Les quelques éclairs de vérité qu'on trouve à ce sujet chez les philosophes anciens dérivent, au moins en partie, de la tradition divine primitive.

Aujourd'hui, beaucoup considèrent que la doctrine d'une Trinité en Dieu va à l'encontre de la philosophie. Parmi les anciens, certains des plus célèbres et des plus savants ne pensaient point ainsi. Sans doute vaut-il la peine de s'attarder un peu en leur compagnie, pour en prendre conscience.

La quête de vérité semble œuvre de longue haleine. Dieu est Vérité. L'amour de Dieu se confond avec l'amour de la Vérité. Dans l'ardeur de ma jeunesse, je L'ai poursuivie. Dans une intuition, j'ai saisi l'immatérialisme, et, pour Dieu, j'ai voulu le prouver. J'ai offert ces premiers fruits sur l'autel de la Vérité. J'ai poursuivi ma quête tout au long de mes jours. Avec l'âge, vient le goût de peser et de relire. Ces fruits de la maturité, au seuil de la vieillesse, qu'il me soit permis de les placer avec les premiers sur l'unique autel de la Vérité.

*
* *

La traduction qui suit a été préparée, dans l'ensemble, sur le texte établi par T. E. Jessop, *The Works of George Berkeley*, t. V, 1953. Les notes dues à Berkeley lui-même sont portées en bas de page ; les notes du traducteur le sont également, mais elles figurent en caractères plus petits et elles sont précédées d'un chiffre.

SIRIS

CHAINE DE REFLEXIONS
ET DE RECHERCHES PHILOSOPHIQUES

CONCERNANT LES VERTUS DE L'EAU DE GOUDRON
ET DIVERS AUTRES SUJETS RELIES LES UNS AUX AUTRES
ET NAISSANT LES UNS DES AUTRES

Tant que nous en avons l'occasion, pratiquons le bien
à l'égard de tous
Gal., vi, 10.

Hoc opus, hoc studium, parvi properemus et ampli

Horace [1]

1744

1. *Epîtres,* I, iii, 28.

TABLE DES MATIERES

dressée par Berkeley

SIRIS

CHAINE DE REFLEXIONS ET DE RECHERCHES PHILOSOPHIQUES, ETC.

En guise d'introduction à l'œuvre qui suit, j'assure le lecteur que rien n'aurait pu, dans ma situation présente, m'induire à me donner la peine de l'écrire, si ce n'est la ferme conviction qu'elle se révélerait un précieux cadeau pour le public. Quel que soit le plaisir que la raison ou partie notionnelle puisse fournir à l'esprit, j'ose dire que l'autre partie semble si sûrement calculée pour faire du bien au corps, que l'un et l'autre doivent y gagner. En effet, si le luth n'est pas bien accordé, le musicien échoue dans ses accords[2]. Et, dans notre état présent, les opérations de l'esprit dépendent à ce point du ton juste ou bonne condition de son instrument, que tout ce qui contribue grandement à la préservation ou au recouvrement de la santé corporelle mérite bien l'attention de l'esprit. Ces considérations m'ont incité à communiquer au public les vertus salutaires de l'eau de goudron ; envers lui, je me suis senti obligé de manière inévitable en vertu des devoirs que tout homme doit à l'humanité. Et, comme les effets sont liés à leurs causes, mes pensées sur ce sujet humble mais utile m'ont conduit à des recherches plus avancées, et celles-ci à d'autres encore, peut-être lointaines et spéculatives, mais, je l'espère, pas entièrement inutiles ni ennuyeuses.

1. Dans certaines parties de l'Amérique, on prépare l'eau de goudron en ajoutant un quart de gallon d'eau froide à un quart de goudron, et en les agitant bien ensemble dans un récipient,

2. Allusion à Plotin, II, iii, 13, et I, iv, 16.

qu'on laisse reposer jusqu'à ce que le goudron se dépose au fond. Un verre d'eau claire, que l'on verse comme potion, est remplacé par la même quantité d'eau froide, le récipient étant secoué, puis laissé en repos, comme auparavant. Et on recommence cela pour chaque verre, aussi longtemps que le goudron continue à imprégner l'eau suffisamment, ce qui se détecte à l'odeur et au goût. Mais, comme cette méthode produit de l'eau de goudron plus ou moins forte, j'adopte la manière suivante de préparation : verser un gallon d'eau froide sur un quart de goudron, et les remuer et mêler bien à fond avec une cuiller à pot ou un bâton plat, pendant trois ou quatre minutes, après quoi le récipient doit reposer quarante-huit heures, de sorte que le goudron ait le temps de se déposer : alors, on verse l'eau claire et on la garde couverte pour un usage éventuel, sans en préparer davantage à partir du même goudron, qui peut encore servir à des emplois courants.

2. On a utilisé l'infusion froide de goudron dans certaines de nos colonies comme antiseptique ou préparation contre la petite vérole ; cet usage étranger m'incita à l'essayer autour de moi, quand la petite vérole fit rage avec une grande violence. Et l'essai répondit tout à fait à mon attente : tous ceux qui, à ma connaissance, prirent de l'eau de goudron, ou bien échappèrent à cette maladie, ou bien l'eurent dans des conditions très favorables. Dans une famille, il y eut l'exemple remarquable de sept enfants, qui supportèrent tous très bien la petite vérole, sauf un jeune enfant qu'on ne put amener à boire de l'eau de goudron comme les autres.

3. Plusieurs furent préservés de la petite vérole en prenant cette liqueur ; d'autres l'eurent sous la forme la plus bénigne ; et d'autres, pour qu'ils pussent être capables de prendre l'infection, furent obligés d'interrompre de boire l'eau de goudron. Je découvris qu'on peut en boire en toute sûreté et avec succès pendant n'importe quelle durée, et cela non seulement avant, mais aussi durant la maladie. La règle générale pour en prendre est environ une demi-pinte soir et matin, l'estomac vide ; on peut varier cette quantité suivant le cas et l'âge du malade, pourvu qu'on la prenne toujours l'estomac vide, et deux heures environ avant ou après un repas. Pour les enfants et les personnes délicates, on peut la rendre moins forte, et en donner peu et souvent ; ajouter de l'eau froide ou agiter moins la rend moins forte, de même que mettre moins d'eau ou agiter davantage la rend plus forte. Elle ne doit pas être plus claire que le vin blanc français, ni plus foncée que le vin blanc

espagnol. Si on ne perçoit pas très nettement un esprit à la boire, ou bien le goudron a dû être mauvais, ou bien il avait déjà servi, ou bien l'eau de goudron a été préparée sans soin.

4. Il semblait probable qu'un remède d'une telle efficacité contre une maladie accompagnée de tant d'ulcères purulents pourrait aussi être utile dans d'autres embarras du sang ; aussi l'essayai-je sur plusieurs personnes infectées d'éruptions et d'ulcères cutanés : elles furent bientôt soulagées, et bientôt après guéries. Encouragé par ces succès, je m'aventurai à le conseiller dans les maladies les plus graves : il s'y révéla beaucoup plus efficace que les salivations et les boissons où du bois a macéré.

5. L'ayant essayé dans une grande variété de cas, je trouvai qu'il réussissait au-delà de mes espérances : lors d'une ulcération pénible et douloureuse des entrailles ; contre la toux de poitrinaire, et (comme il apparut d'après le pus expectoré) contre un ulcère du poumon ; contre la pleurésie et la pneumonie. Et quand une personne qui avait été sujette pendant plusieurs années à des fièvres érésipélateuses perçut les symptômes avant-coureurs habituels, je lui conseillai de boire de l'eau de goudron, ce qui prévint l'érésipèle.

6. Je ne connais rien d'aussi bon pour l'estomac que l'eau de goudron : elle guérit l'indigestion et donne bon appétit. C'est un excellent remède contre l'asthme. Elle communique une douce chaleur et une circulation rapide aux sucs sans produire d'échauffement, et elle est donc utile non seulement comme pectoral et comme balsamique, mais aussi comme désobstruant dans des cas de cachexie et d'hystérie. Comme elle est à la fois curative et diurétique, elle est très bonne contre la gravelle. Je crois qu'elle est de grande utilité contre l'hydropisie, sachant qu'elle a guéri un très mauvais anasarque chez une personne dont la soif, bien que très extraordinaire, fut rapidement supprimée par l'absorption d'eau de goudron.

7. L'utilité de ce remède dans les cas d'inflammation est évidente d'après ce qu'on a déjà observé (Sect. 5). Et pourtant certains, peut-être, peuvent craindre que, comme le goudron lui-même est sulfureux, l'eau de goudron ne soit d'une nature très chaude et inflammatoire. Mais il convient de noter que tous les baumes contiennent un esprit acide, qui est en vérité un sel volatil. L'eau est un solvant qui dissout toutes sortes de sels, et qui les tire de leurs sujets. Le goudron, donc, étant un baume, son acide salutaire est extrait par l'eau, qui est cependant

incapable de dissoudre ses parties résineuses les plus épaisses, dont le solvant propre est l'esprit de vin. Par suite, l'eau de goudron, n'étant pas imprégnée de résine, peut être employée sans danger dans les cas d'inflammation ; et, de fait, elle s'est révélée un admirable fébrifuge, tout à la fois rafraîchissante et réconfortante de la façon la plus sûre.

8. Les sels volatils, séparés du goudron par infusion, peuvent être supposés contenir ses vertus spécifiques. Mr. Boyle et d'autres chimistes postérieurs sont d'accord pour reconnaître que les sels fixes [3] sont à peu près les mêmes dans tous les corps. Mais il est bien connu que les sels volatils diffèrent grandement, et que, plus on les sépare facilement de leur sujet, plus ils possèdent ses qualités spécifiques. Or, la séparation la plus aisée est par infusion de goudron dans de l'eau froide, qui, se révélant à l'odeur et au goût comme bien imprégnée, peut être considérée comme extrayant et conservant les particules les plus pures, les plus volatiles et les plus actives de ce baume végétal.

9. Les anciens considéraient le goudron comme bon contre les poisons, les ulcères, les morsures des animaux vénéneux ; et aussi pour les personnes phtisiques, scrofuleuses, paralytiques et asthmatiques. Mais la méthode d'en faire un remède inoffensif et agréable à l'estomac en extrayant ses vertus dans de l'eau froide, leur était inconnue. Les aiguilles et les têtes tendres de pin et de sapin sont utilisées à notre époque dans des boissons diététiques, et sont considérées comme antiscorbutiques et diurétiques. Mais le suc, le sel et l'esprit les plus élaborés de ces arbres toujours verts se trouvent dans le goudron, dont les vertus s'étendent non seulement aux animaux, mais aussi aux végétaux. Mr. Evelyn [4], dans son traité sur « Les arbres forestiers », observe avec admiration que les troncs des arbres enduits de goudron sont ainsi préservés du mal que pourraient leur causer les dents envenimées des chèvres, et aussi d'autres dommages, tandis que toute autre chose de nature onctueuse leur est hautement préjudiciable.

10. Il semble que le goudron et la térébenthine peuvent être extraits, plus ou moins, de n'importe quelle sorte de pins et

3. On divisait alors les sels en sels fixes ou lixiviels, sels volatils, et sels essentiels (c'est-à-dire obtenus par cristallisation).

4. John Evelyn (1620-1706), plus connu par son journal privé. Le titre exact de l'ouvrage auquel se réfère Berkeley est *Sylva, or a Discourse of Forest Trees*, 1664.

de sapins ; et que les esprits natifs et les sels essentiels de ces plantes sont les mêmes dans la térébenthine et dans le goudron commun. En réalité, ce goudron vulgaire, que le bas prix et l'abondance peuvent avoir rendu méprisable, semble être un baume excellent, contenant les vertus de la plupart des autres baumes ; il la communique facilement à l'eau, et par ce moyen il les insinue aisément et de manière inoffensive dans la constitution du corps.

11. Les sécrétions résineuses des pins et des sapins constituent une branche importante de la *Materia Medica,* et elles ne sont pas seulement utiles dans les ordonnances des médecins, mais on les a aussi considérées par ailleurs comme favorables à la santé. Pline nous raconte que les vins, à l'époque des anciens Romains, étaient médicamentés avec de la poix et de la résine [5] ; et Jonstonus [6], dans sa *Dendrographia,* observe qu'il est bienfaisant de se promener dans des bosquets de pins, qui imprègnent l'air de particules balsamiques. Que toutes les térébenthines et résines sont bonnes pour les poumons, contre la gravelle aussi et les obstructions, est bien connu ; et que les propriétés médicinales de ces drogues se trouvent dans l'eau de goudron, sans échauffer le sang, ni déranger l'estomac, est confirmé par l'expérience ; et, en particulier, que les personnes phtisiques et asthmatiques reçoivent de son usage un soulagement rapide et considérable.

12. Les baumes, comme tous les remèdes onctueux et huileux, créent un sentiment de nausée dans l'estomac. Ils ne peuvent donc être pris en substance pour produire autant et aussi longtemps tous ces effets salutaires que, s'ils étaient mêlés à fond au sang et aux sucs, ils seraient capables de produire. Ce doit donc être une chose particulièrement avantageuse que de pouvoir introduire toute quantité requise de leurs parties volatiles dans les conduits et les capillaires les plus fins, en sorte de ne pas soulever l'estomac, mais, au contraire, de le réconforter et de le fortifier dans une large mesure.

13. Selon Pline [7], la poix liquide (comme il l'appelle) ou goudron était obtenue en mettant le feu à des bûches de pins ou de sapins vieux et gros. Le premier écoulement était du goudron ; le second écoulement, plus épais, était de la poix.

5. *Histoire Naturelle,* XIV, 25.
6. John Jonston (1603-1675), naturaliste polonais, d'origine écossaise.
7. *Histoire Naturelle,* XVI, 22.

Théophraste [8] est plus explicite : il nous raconte que les Macédoniens faisaient d'énormes tas de troncs fendus de ces arbres, où les bûches étaient placées verticalement les unes à côté des autres ; que de tels tas ou piles de bois avaient parfois cent quatre-vingts coudées de circonférence, et soixante ou même cent de haut ; et que, les ayant couverts de mottes de terre pour empêcher les flammes de jaillir (auquel cas le goudron était perdu), ils mettaient le feu à ces énormes tas de pins ou de sapins, et laissaient le goudron et la poix couler dans une rigole.

14. Pline dit que les anciens avaient coutume de tenir des toisons de laine étendues au-dessus de la vapeur de goudron bouillant, et d'en exprimer l'humidité, laquelle substance aqueuse était appelée *pissinum.* Ray soutient que c'est la même chose que le *pisselaeum* des anciens ; mais Hardouin [9], dans ses notes sur Pline, pense que le *pisselaeum* était produit à partir des cônes de cèdre. Quel usage les anciens faisaient de ces liqueurs, je l'ignore ; mais on peut présumer qu'elles étaient utilisées en médecine, bien qu'aujourd'hui, pour autant que je puisse m'en assurer, on ne les utilise plus du tout.

15. D'après la manière de se procurer le goudron (Sect. 13), il est évident qu'il constitue une production naturelle, logée dans les vaisseaux de l'arbre, d'où il est seulement libéré et dégagé (non pas fait) par le feu. Si l'on en croit Pline [10], le premier écoulement ou goudron était appelé *cedrium,* et il avait une telle efficacité pour préserver de la putréfaction, qu'en Egypte on s'en servait pour embaumer les cadavres. Et il attribue à cela le fait que leurs momies se conservaient intactes pendant tant de siècles.

16. Certains auteurs modernes nous informent que le goudron s'écoule du tronc des pins et des sapins, quand ils sont très vieux, par des incisions faites dans l'écorce, près des racines ; que la poix est du goudron épaissi, et que l'une et l'autre sont l'huile de l'arbre qui s'est épaissie et qui est venue à maturation sous l'effet de l'âge et du soleil. Les arbres, comme les vieillards, étant incapables de transpirer, et leurs conduits de sécrétion étant obstrués, sont, comme on dit, engorgés et bourrés de leurs propres sucs.

8. *Historia plantarum,* IX, 3.

9. Jean Hardouin (1646-1729), jésuite et érudit français, dans son édition de 1685 de l'*Histoire Naturelle,* XV, 7.

10. *Histoire Naturelle,* XVI, 21.

17. La méthode employée dans nos colonies d'Amérique pour fabriquer le goudron et la poix est en réalité la même que celle des anciens Macédoniens ; comme il appert du compte rendu donné dans les *Philosophical Transactions.* Et la relation de Leo Africanus [11], qui décrit en témoin oculaire la fabrication du goudron sur le mont Atlas, s'accorde en substance avec les méthodes employées par les Macédoniens de jadis, et les habitants de la Nouvelle-Angleterre aujourd'hui.

18. Jonstonus, dans sa *Dendrographia,* estime que la poix était fabriquée autrefois à partir du cèdre, aussi bien que du pin et du sapin devenus vieux et huileux. Il semble bien, en effet, qu'un seul et même mot était employé au sens large par les anciens, de manière à comprendre les sucs issus de tous ces arbres. Le goudron et toutes sortes de sécrétions d'arbres à feuillage persistant sont, dans une acception générale, inclus sous le nom de résine. La résine dure et grossière ou poix sèche est fabriquée à partir du goudron en le laissant flamber jusqu'à ce que l'humidité soit évaporée. La résine liquide est, à proprement parler, un suc huileux et visqueux, qui découle de l'écorce d'arbres verts, soit spontanément, soit par incision. On pense que c'est l'huile de l'écorce, concentrée sous l'effet du soleil. Quand elle sort de l'arbre, elle est liquide, mais elle se dessèche et se durcit, étant condensée par le soleil ou par le feu.

19. Selon Théophraste [12], la résine était obtenue en arrachant l'écorce des pins, et par des incisions faites dans le sapin blanc et dans le pitchpin. Les habitants du mont Ida, nous rapporte-t-il, mettaient à nu le tronc du pin du côté du soleil, à deux ou trois coudées du sol. Il observe qu'un bon pin pourrait fournir de la résine chaque année ; un pin médiocre, tous les deux ans ; et les arbres plus faibles, tous les trois ans ; et que trois écoulements étaient tout ce qu'un arbre pouvait supporter. Le même auteur remarque que le pin ne produit pas à la fois des fruits et de la résine, mais ceux-là dans sa jeunesse, et celle-ci dans un âge avancé.

20. La térébenthine est une fine résine. On en emploie de quatre sortes : la térébenthine de Chios ou de Chypre, qui coule du térébinthe ; la térébenthine de Venise, qu'on obtient

11. Johannes Leo Africanus (1494-1552), *Descrizione dell'Africa.* Cf. G. B. Ramusio, *Navigazioni e Viaggi,* 1550 ; Jean Temporal, *Description de l'Afrique,* 1556.
12. *Historia plantarum,* IX, 2.

en perçant le mélèze ; la térébenthine de Strasbourg, qui, comme nous l'apprend M. Ray, est tirée des nœuds du sapin blanc : elle est parfumée, et elle devient jaune lorsque l'arbre vieillit ; la quatrième sorte est la térébenthine ordinaire, ni transparente ni aussi liquide que la précédente, et M. Ray pense qu'elle coule du pin des montagnes. Toutes ces térébenthines sont utiles dans les mêmes traitements. Théophraste [13] dit que la meilleure résine ou térébenthine se tire du *terebinthus* qui croît en Syrie et dans quelques-unes des îles grecques ; à défaut de celle-là, la meilleure vient du sapin blanc et du pitchpin.

21. On reconnaît partout à la térébenthine de grandes vertus médicinales. Le goudron et son infusion contiennent ces vertus. L'eau de goudron est extrêmement pectorale et reconstituante ; et, si je puis en juger d'après l'expérience que j'en ai eue, elle possède les qualités les plus précieuses attribuées aux divers baumes du Pérou, de Tolu, de Capivi, et même au baume de Gilead, telle est grande sa vertu contre l'asthme et la pleurésie, contre les obstructions et les érosions ulcéreuses des parties internes. Le goudron non dilué, mêlé au miel, je l'ai trouvé un excellent remède contre la toux. Les baumes, comme on l'a déjà observé, sont aptes à nuire à l'estomac ; pour le fortifier, c'est le meilleur remède que j'aie jamais essayé.

22. La folie des hommes estime les choses selon leur rareté, mais la Providence a rendu les plus communes les choses les plus utiles. Parmi ces extraits liquides et huileux tirés des arbres et des arbustes, qu'on appelle baumes, et qui sont appréciés par leurs vertus médicinales, le goudron peut tenir sa place comme l'un des baumes les plus précieux. Son parfum montre qu'il possède des qualités actives, et son onctuosité, qu'il est apte à les conserver. On peut acheter ce baume excellent pour un penny la livre, alors que le baume de Judée, lorsqu'il était en surabondance, se vendait à l'endroit même où il était produit le double de son poids en argent, si l'on en croit Pline [14] ; il nous apprend aussi que le meilleur baume de Judée coulait seulement de l'écorce, et qu'il était adultéré par adjonction de résine et d'huile de térébenthine. Maintenant, si je compare les vertus dont j'ai fait l'expérience pour le goudron avec celles que je trouve attribuées au précieux baume

13. *Ibid.*
14. *Histoire Naturelle,* XII, 54.

de Judée, de Gilead ou de Mecha (ainsi qu'il est diversement appelé), j'estime que ce dernier n'est pas un remède plus précieux ni plus efficace que celui-là.

23. Pline [15] suppose que l'ambre est une résine, et qu'il est distillé à partir de certaines espèces de pin, ce qu'il conclut d'après son odeur. Toutefois, le fait qu'il est tiré de la terre montre que c'est un fossile, bien que d'une espèce très différente des autres fossiles. Mais il est bien certain que les vertus médicinales de l'ambre se trouvent dans les sucs balsamiques des pins et des sapins. En particulier, les vertus de la préparation la plus précieuse, je veux dire le sel d'ambre, se retrouvent dans une large mesure dans l'eau de goudron, comme détersif, comme diaphorétique et comme diurétique.

24. Il y a, comme on l'a déjà observé, plus ou moins d'huile et de baume dans tous les arbres verts, qui conservent l'esprit acide, ce principe de vie et de verdure ; le fait qu'elles n'en conservent pas une quantité suffisante est la cause pour laquelle les autres plantes languissent et se dessèchent. De ces arbres verts, qui produisent de la résine, Pline [16] énumère six espèces en Europe ; Jonstonus en compte trois fois ce nombre de la famille des pins et des sapins. Et, de fait, leur nombre, leur variété et leur ressemblance ne facilitent pas l'exactitude.

25. Théophraste [17] et Jonstonus remarquent tous les deux que les arbres qui poussent en des endroits bas et ombragés ne fournissent pas un goudron aussi bon que ceux qui poussent en des lieux plus élevés et mieux exposés. Et Théophraste ajoute que les habitants du mont Ida, en Asie, qui distinguent le pin idéen du pin maritime, affirment que le goudron qui coule de celui-là est en plus grande quantité et plus parfumé que l'autre. Par suite, il semblerait que les pins ou les sapins des montagnes d'Ecosse pourraient être employés de cette manière, et acquérir ainsi de la valeur, même là où le bois, étant donné son éloignement de tout transport par voie d'eau, est de peu de valeur. Ce que nous appelons le pin d'Ecosse est faussement appelé ainsi, car il est en réalité un pin de forêt sauvage, et (comme Mr. Ray nous l'apprend) il correspond bien à la description d'un pin qui croît sur le mont Olympe, en Phrygie, probablement le seul endroit où on le trouve en dehors

15. *Id.*, XXXVII, 3.
16. *Id.*, XVI, 16.
17. *Historia plantarum*, IX, 2. Cf. John Ray, *Histoire générale des plantes.*

de nos îles, dans lesquelles il a tellement été planté récemment et cultivé avec si peu de fruit, alors que le cèdre du Liban pourrait sans doute être développé avec un peu plus de difficulté, et beaucoup plus de profit et d'ornement.

26. Les pins, qui diffèrent des sapins par leur longueur et la disposition de leurs aiguilles et la dureté de leur bois, ne fournissent pas, selon Pline [18], autant de résine que les sapins. Les naturalistes en décrivent et en dessinent avec précision plusieurs espèces. Mais ils sont tous d'accord dans la mesure où ils semblent se rattacher à la même famille. Théophraste [19] donne la préférence à la résine qu'on tire du sapin blanc et du pitchpin (ἐλάτη et πίτυς) sur celle qu'on tire du pin, qui pourtant, dit-il, se trouve en plus grande abondance. Pline, au contraire, affirme que le pin produit la plus petite quantité. Il semblerait donc que le traducteur de Théophraste se soit trompé en rendant πεύκη par *pinus ;* ainsi que Jonstonus, qui, de même, prend le pin pour le πεύκη de Théophraste. Hardouin soutient que d'autres ont appelé πεύκη le *pinus* de Pline, mais que Théophraste l'appelle πίτυς. Ray pense que le sapin commun, ou *picea* des Latins, est le sapin mâle de Théophraste [20]. Ce dernier était probablement le sapin épinette ; car le *picea,* selon Pline [21], fournit beaucoup de résine, se plaît dans un lieu froid et montagneux, et se distingue *tonsili facilitate,* par la facilité à le tailler, ce qui s'accorde avec le sapin épinette, dont j'ai vu des haies taillées de près.

27. Il semble y avoir eu quelque confusion dans l'appellation de ces arbres, chez les anciens aussi bien que chez les modernes. Les anciens noms grecs et latins sont appliqués très différemment par des auteurs plus récents. Pline [22] lui-même reconnaît qu'il n'est pas facile, même pour le spécialiste, de distinguer les arbres par leurs feuilles, et de reconnaître leur sexe et leur espèce ; et cette difficulté s'est bien accrue depuis lors par la découverte de nombreuses espèces nouvelles de cette famille d'arbres toujours verts, qui poussent en diverses parties du globe. Mais les descriptions ne s'appliquent pas par erreur aussi facilement que les noms. Théophraste dit que le πίτυς diffère de la πέυκη par le fait, entre autres

18. *Histoire naturelle,* XVI, 16-18.
19. *Historia plantarum,* IX, 2.
20. *Id.,* III, 9.
21. *Histoire Naturelle,* XVI, 18.
22. *Id.,* XVI, 19.

choses, qu'il n'est pas si élevé, ni si droit, et qu'il n'a pas d'aiguilles aussi larges. Il distingue le sapin en mâle et femelle : ce dernier a un bois moins dur que le mâle ; c'est aussi un arbre plus élevé et plus beau, et c'est probablement le sapin blanc.

28. Pour n'en pas dire davantage sur cette obscure affaire, que je laisse aux critiques, j'observerai que, selon Théophraste, non seulement les térébinthes, les pins et les sapins fournissent de la résine ou du goudron, mais aussi les cèdres et les palmiers ; et les termes *pix* et *resina* sont employés par Pline dans un sens si large qu'ils incluent les exsudations du *lentiscus* et du cyprès, et les baumes d'Arabie et de Judée ; tous ceux-ci sont peut-être apparentés, et dans leurs qualités les plus utiles, ils se rencontrent avec le goudron commun, surtout celui de Norvège, qui est le plus liquide et le meilleur pour les emplois médicinaux de tous ceux que j'ai essayés. Les arbres qui poussent sur des montagnes exposées au soleil ou au vent du nord, produisent, de l'estimation de Théophraste[23], le goudron le meilleur et le plus pur ; et les pins idéens se distinguaient de ceux qui poussaient dans la plaine, par le fait qu'ils fournissaient un goudron plus fin, plus sucré et plus agréablement parfumé : je pense avoir observé toutes ces différences entre le goudron qui vient de Norvège et celui qui vient de pays bas et marécageux.

29. Selon l'ancienne remarque des Péripatéticiens, d'après laquelle la chaleur rassemble les choses homogènes et disperse celles qui sont hétérogènes, nous trouvons que la Chimie est apte à l'analyse des corps. Mais la chimie de la nature est beaucoup plus parfaite que celle de l'art humain, dans la mesure où elle joint à la puissance de la chaleur le mécanisme le plus raffiné. Ceux qui ont examiné la structure des arbres et des plantes à l'aide du microscope, ont découvert une admirable variété de fins tubes et vaisseaux capillaires, aptes à plusieurs usages, comme le fait d'imbiber ou d'attirer la nourriture convenable, de la distribuer ensuite à travers toutes les parties de la plante, de décharger ce qui est superflu, de sécréter des sucs particuliers. On trouve qu'ils ont des conduits qui correspondent à la trachée des animaux, pour communiquer l'air ; ils en ont d'autres qui correspondent aux veines lactées, aux artères, et aux veines ordinaires. Ils se nourrissent, ils

23. *Historia plantarum,* IX, 2.

digèrent, ils respirent, ils transpirent, et ils engendrent leur espèce, et ils sont pourvus d'organes méticuleusement adaptés à tous ces usages.

30. On observe que les vaisseaux qui transportent la sève sont de fins tubes qui montent à travers le tronc à partir des racines. Les vaisseaux sécréteurs se trouvent dans l'écorce, les bourgeons, les feuilles et les fleurs. On découvre les vaisseaux exhalants, qui emportent les parties excrémentielles, sur toute la surface de la plante. Et (quoiqu'on ne soit pas aussi bien d'accord sur ce point) Dr. Grew[24], dans son *Anatomy of Plants*, pense que se montre une circulation de sève, qui se meut vers le bas dans la racine, et qui alimente le tronc vers le haut.

31. Il y a certes des différends parmi les savants en ce qui concerne l'emploi approprié de certaines parties des plantes. Mais, que les découvreurs aient justement deviné tous leurs emplois ou non, il est bien certain qu'il y a d'innombrables parties fines et curieuses dans le corps d'un végétal, et une merveilleuse ressemblance ou analogie entre le mécanisme des plantes et celui des animaux. Et peut-être certains penseront qu'il n'est pas déraisonnable de supposer que le mécanisme des plantes est encore plus curieux que celui des animaux, si l'on considère non seulement les divers sucs sécrétés par les différentes parties de la même plante, mais aussi la variété infinie de sucs tirés et formés du même sol par les diverses espèces de plantes, qui doivent donc différer en une variété infinie quant à la texture de leurs vaisseaux absorbants et de leurs conduits sécréteurs.

32. Par suite, un corps, qu'il soit animal ou végétal, peut être considéré comme un système organisé de tubes et de vaisseaux, contenant plusieurs sortes de fluides. Et de même que les fluides sont mus dans les vaisseaux du corps de l'animal par la systole et la diastole du cœur, par l'expansion et la condensation alternées de l'air, et les oscillations dans les membranes et les tuniques des vaisseaux, et encore par le moyen de l'air dilaté et contracté dans la trachée ou les vaisseaux composés de fibres élastiques, la sève est propulsée par les tubes artériels d'une plante et les sucs végétaux, selon qu'ils sont raréfiés par la chaleur ou condensés par le froid,

24. Nehemiah Grew (1641-1712), l'un des fondateurs, avec Malpighi, de l'anatomie végétale.

ou bien monteront et s'évaporeront dans l'air, ou bien descendront sous la forme d'une épaisse liqueur.

33. Par suite, les sucs, qui sont d'abord purifiés par filtrage au travers des fins pores de la racine, sont ensuite élevés par l'action de l'air et des vaisseaux de la plante ; mais, par-dessus tout, par l'action de la lumière du soleil, qui, en même temps qu'elle chauffe, raréfie et soulève merveilleusement la sève, jusqu'à ce qu'elle transpire et forme une atmosphère, semblable à l'effluve des corps des animaux. Et bien que les feuilles soient supposées jouer principalement le rôle de poumons, rejetant les vapeurs excrémentielles et insufflant les vapeurs alimentaires, il semble cependant probable que les actions réciproques de répulsion et d'attraction sont accomplies sur toute la surface des végétaux aussi bien que des animaux. C'est dans cette action réciproque qu'Hippocrate suppose que consiste principalement la manière de l'action de la nature pour l'alimentation et la santé du corps des animaux. Et, certes, il n'est pas aisé de dire quelle part de l'alimentation de la plante est tirée, par le moyen des feuilles et de l'écorce, de ce fluide ambiant hétérogène appelé air. Elle semble très considérable, et tout à fait nécessaire, aussi bien à la vie végétale qu'à la vie animale.

34. C'est une opinion, reçue par beaucoup, que la sève circule dans les plantes comme le sang chez les animaux ; qu'elle monte par les artères capillaires dans le tronc, dans lequel sont efférents d'autres vaisseaux de l'écorce correspondant aux veines, qui ramènent à la racine le reste de la sève, en plus de ce qui a été déposé durant sa montée par les vaisseaux artériels, et sécrété pour les divers usages du végétal dans toutes ses parties : tiges, branches, feuilles, fleurs et fruit. D'autres nient cette circulation, et affirment que la sève ne revient pas par les vaisseaux de l'écorce. Tous accordent cependant qu'il y a des sucs ascendants et descendants ; tandis que certains tiennent que la montée et la descente sont la circulation des mêmes sucs à travers différents vaisseaux ; d'autres soutiennent que le suc ascendant est d'une sorte qui est attirée par la racine, et que le suc descendant en est une autre, imbibée par les feuilles ou les extrémités des branches ; enfin, d'autres pensent que le même suc, selon qu'il est raréfié ou condensé par la chaleur ou le froid, monte et baisse dans le même tube. Je ne prendrai pas sur moi de trancher cette controverse. Seulement je ne puis m'empêcher d'observer que l'argument commun par analogie entre les plantes et les animaux perd beaucoup de sa force, si l'on considère que la circulation supposée de la

sève, de la racine ou des vaisseaux lactés à travers les veines ou les vaisseaux de l'écorce à la racine ou aux vaisseaux lactés, ne sont en aucune façon conformes ou analogues à la circulation du sang.

35. Il suffit d'observer, ce que tous doivent reconnaître, qu'une plante ou un arbre est une machine très belle et très compliquée (Sect. 30, 31), par les diverses parties et mouvements de laquelle les sucs bruts, admis par les vaisseaux absorbants, que ce soit de la racine, du tronc ou des branches, sont, de façon diverse, mêlés, séparés, modifiés, digérés et élevés d'une manière très merveilleuse. Le suc, selon qu'il entre ou sort, monte ou descend par les tubes de diverses textures, formes et dimensions, et qu'il est affecté par la compression et l'expansion alternées des vaisseaux élastiques, par les vicissitudes des saisons, les changements de temps, et l'action variée de la lumière solaire, devient de plus en plus élaboré.

36. Il n'y a donc pas de chimie comme celle de la nature, qui ajoute à la force du feu le filtrage le plus délicat, le plus varié et le plus artificiel (Sect. 29). L'action incessante du soleil sur les éléments de l'air, de la terre et des eaux, et sur toutes sortes de corps composés, animaux, végétaux et fossiles, est supposée accomplir toutes sortes d'opérations chimiques. Il devrait s'ensuivre que l'air contient toutes sortes de productions chimiques, les vapeurs, les exhalaisons, les huiles, les sels et les esprits de tous les corps que nous connaissons ; à partir de cet agrégat ou masse générale, ceux qui sont propres à être aspirés par les fins vaisseaux des feuilles, des branches et du tronc de l'arbre, subissent, dans ses divers organes, des modifications, des sécrétions et des digestions nouvelles, jusqu'au moment où ils assument la forme la plus élaborée.

37. Et il n'est pas surprenant que la texture particulière de chaque plante ou arbre, coopérant avec le feu solaire et les sucs préexistants, modifie la fine nourriture tirée de la terre et de l'air (Sect. 33), pour produire les qualités spécifiques variées de grande efficacité en médecine ; surtout si l'on considère que, de l'avis des savants, il y a une influence sur les plantes dérivée du soleil, outre sa seule chaleur. Certainement, Dr. Grew, ce curieux anatomiste des plantes, soutient que l'influence solaire diffère de celle d'un simple feu de cuisine autrement qu'en fournissant une chaleur plus modérée et plus égale.

38. Le suc alimentaire absorbé par les vaisseaux lactés, si

j'ose m'exprimer ainsi, des animaux ou des végétaux, se compose de particules huileuses, aqueuses et salines, qui, étant dissoutes, volatilisées et diversement agitées, sont en partie dispensées et exhalées dans l'air ; et la partie qui demeure est, par l'économie de la plante et l'action du soleil, filtrée, purifiée, composée et mûrie en une huile épaisse ou baume, et déposée dans certaines cellules, placées principalement dans l'écorce, qui sont tenues pour correspondant au *panniculus adiposus* des animaux : elle protège les arbres des intempéries, et, lorsqu'elle est en quantité suffisante, elle les garde toujours verts. Ce baume, suintant ou transpirant à travers l'écorce, se durcit pour former de la résine ; et cela très copieusement dans diverses espèces de pins et de sapins, dont l'huile, étant en plus grande quantité et gardant de façon plus tenace l'esprit acide ou âme végétale (comme on peut sans doute l'appeler à juste titre), subit l'action du soleil, et, attirant les rayons solaires, est de ce fait élevée et enrichie, de sorte qu'elle devient un très noble remède : tel est le dernier produit d'un arbre parfaitement affiné par le temps et le soleil.

39. Théophraste note[25] que toutes les plantes et arbres, tant qu'ils poussent des feuilles, ont le plus d'humeur, mais que, lorsqu'ils ont cessé de germer et de porter fruit, l'humeur est la plus forte, et montre le plus la nature de la plante, et que, par suite, les arbres qui fournissent de la résine devraient être incisés après la germination. Il semble aussi très raisonnable de supposer que le suc des vieux arbres, dont les organes n'apportent plus de sève nouvelle, devrait être davantage mûri que celui des autres.

40. Les saveurs aromatiques des végétaux semblent dépendre de la lumière du soleil tout autant que les couleurs. Comme dans la production de ces dernières, les puissances réfléchissantes de l'objet, ainsi dans celle des saveurs, les puissances attractrices et organiques de la plante, coopèrent avec le soleil (Sect. 36, 37). Et de même que, d'après les expériences de Sir Isaac Newton, il apparaît que toutes les couleurs sont virtuellement contenues dans la lumière blanche du soleil, et se montrent quand les rayons sont séparés par les puissances attractrices et répulsives des objets, de même les qualités spécifiques des sucs élaborés des plantes semblent être contenues virtuellement ou éminemment dans la lumière solaire, et se

25. *Historia plantarum*, IX, 1.

présentent en réalité lors de la séparation des rayons par les puissances particulières des organes capillaires des végétaux, qui attirent et absorbent certains rayons, qui produisent à leur tour certaines saveurs et qualités, de même que certains rayons, étant réfléchis, produisent certaines couleurs.

41. Certains anatomistes curieux ont observé que les vaisseaux sécrétoires dans les glandes du corps des animaux sont tapissés d'un fin duvet, qui est de différentes couleurs selon les glandes. Et on pense que chaque duvet particulier, étant originellement imbu de son propre suc, n'en attire que de cette sorte ; par ce moyen, tant de sucs variés sont sécrétés dans différentes parties du corps. Et, peut-être, y a-t-il quelque chose d'analogue à cela dans les fins vaisseaux absorbants des plantes, qui contribue à produire cette variété infinie de sucs élaborés dans les plantes à partir de la même terre et du même air.

42. Le baume ou huile essentielle des végétaux contient un esprit dans lequel consistent les qualités spécifiques, l'odeur et le goût de la plante. Boerhaave soutient que l'esprit natif principal n'est ni de l'huile, ni du sel, ni de la terre, ni de l'eau, mais quelque chose de trop fin et de trop subtil pour être saisi seul et rendu visible à l'œil. Lorsqu'on lui permet de s'échapper, par exemple de l'huile de romarin, il la laisse dépourvue de toute saveur. Cette étincelle de vie, cet esprit ou âme, si je puis m'exprimer ainsi, s'en va sans qu'il y ait diminution sensible de l'huile et de l'eau dans lesquelles elle était contenue.

43. Il semblerait que les formes, âmes ou principes de la vie végétale subsistent dans la lumière ou émanation solaire (Sect. 40), qui, par rapport au macrocosme, est ce que l'esprit animal est au microcosme : le tégument intérieur, l'instrument subtil et le véhicule de la puissance. Il n'est donc pas étonnant que l'*ens primum* ou *scintilla spirituosa,* comme on l'appelle, des plantes soit une chose si fine et fugace qu'elle échappe à nos recherches les plus délicates. Il est évident que la nature reverdit à l'approche du soleil, et languit lorsqu'il s'éloigne ; ce globe terrestre semble seulement une matrice disposée et préparée à recevoir la vie de sa lumière ; de là, Homère, dans ses *Hymnes,* appelle la terre l'épouse des cieux, ἄλοχ' οὐρανοῦ ἀστερόεντος. [26].

26. *Hymnes,* xxx, 17.

44. L'esprit lumineux, qui est la forme ou vie de la plante, duquel découlent ses différences et ses propriétés, est quelque chose d'extrêmement volatil. Ce n'est pas l'huile, mais une chose plus subtile, dont l'huile est le véhicule, qui l'empêche de s'envoler, et elle est logée dans diverses parties de la plante, particulièrement dans les cellules de l'écorce et dans les graines. Cette huile, purifiée et élevée par les puissances organiques de la plante, et agitée par la chaleur, devient le réceptacle propre de l'esprit ; une partie de cet esprit s'exhale par les feuilles et les fleurs, et le reste est retenu par cette humeur onctueuse qui le garde dans la plante. Il faut noter que cette huile essentielle, animée, peut-on dire, par la saveur de la plante, est très différente de tout esprit qu'on peut tirer de la même plante par fermentation.

45. La lumière imprègne l'air (Sect. 37, 43), l'air imprègne la vapeur ; et celle-ci devient un suc aqueux par distillation, s'étant élevée d'abord dans l'alambic froid, sous l'effet d'une chaleur modérée. Cette eau végétale parfumée possède l'odeur et le goût spécifiques de la plante. On note que ces huiles distillées ajoutées à l'eau pour contrefaire l'eau végétale ne peuvent jamais l'égaler, la chimie artificielle ne valant pas la chimie naturelle.

46. Moins on fait violence à la nature, meilleur est son produit. Le jus des olives ou des raisins extrait par la pression la plus légère est le meilleur. Les résines qui tombent spontanément des branches, ou qui suintent par la plus légère incision, sont les plus fines et les plus parfumées. Et on observe que les infusions agissent plus fortement que les décoctions de plantes ; car les sels et les esprits les plus subtils et les plus volatils, qui pourraient être perdus ou corrompus par celles-ci, sont obtenus à l'état naturel par celles-là. On observe aussi que la partie la plus fine, la plus pure et la plus volatile est celle qui s'élève la première lors de la distillation. Et, de fait, il semblerait que les particules les plus légères et les plus actives requissent le moins de force pour se dégager du sujet.

47. Par suite, les sels et les esprits plus actifs du goudron sont obtenus par infusion dans de l'eau froide ; mais la partie résineuse n'est pas dissoute ainsi (Sect. 7). De là le préjugé que certains peuvent nourrir contre l'eau de goudron employée comme remède, dont l'usage pourrait enflammer le sang par son

soufre et sa résine, apparaît peu fondé ; car elle est imprégnée d'un fin esprit acide, balsamique, rafraîchissant, diurétique, et possédant bien d'autres vertus (Sect. 42, 44). On suppose que les esprits se composent de sels et aussi probablement de flegme, d'une nature huileuse assez fine, qui diffère de l'huile en ce qu'il est mêlé d'eau, et conforme à l'huile en ce qu'il s'écoule en ruisseaux lors de la distillation. On s'accorde à reconnaître que l'eau, la terre et le sel fixe sont les mêmes dans toutes les plantes ; que, par suite, ce qui différencie une plante, ou la fait ce qu'elle est — l'étincelle ou forme native, dans le langage des chimistes ou de l'université — n'est aucune de ces choses, ni même l'huile la plus pure, qui en semble seulement le réceptacle ou le véhicule. Les chimistes observent que toutes les sortes de bois balsamique fournissent un esprit acide, qui est le sel volatil et huileux du végétal ; là se trouvent principalement contenues leurs vertus médicinales ; et, d'après les essais que j'ai faits, il apparaît que l'esprit acide de l'eau de goudron possède à un degré éminent les vertus du bois de *guaiacum* et d'autres bois médicinaux.

48. Des qualités à un degré trop fort pour que la nature humaine puisse les soumettre et se les assimiler doit nuire à notre constitution. Par suite, tous les acides ne sont peut-être pas utiles et inoffensifs. Mais celui-là semble un acide si parfaitement confectionné, si doux, si suave et si tempéré, et aussi un esprit si fin et si volatil qu'il entre facilement dans les vaisseaux les plus petits, et qu'il est assimilé avec la plus grande aisance.

49. Si quelqu'un désire dissoudre une partie de la résine en même temps que le sel ou esprit, il lui suffit de mêler à l'eau de l'esprit de vin. Mais il est peut-être impossible d'obtenir une entière solution des résines et des gommes qui leur permette d'entrer et d'envahir le système animal, comme le fin esprit acide qui s'envole le premier du sujet. C'est un apophtegme des chimistes, dérivé d'Helmont, que tout ce qui peut rendre la myrrhe soluble pour le corps humain a le secret de prolonger ses jours ; et Boerhaave concède qu'il semble y avoir du vrai en cela, du fait qu'elle résiste à la putréfaction. Or, cette qualité est tout aussi remarquable dans le goudron, avec lequel les anciens embaumaient et préservaient les cadavres. Et bien que Boerhaave lui-même, et d'autres chimistes avant lui, aient donné des méthodes pour faire des solutions de myrrhe, c'est pourtant par le moyen de l'alcool, qui extrait seulement les parties inflammables. Et il ne semble pas qu'aucune solution de myrrhe soit

imprégnée de son sel ou esprit acide. Il ne peut donc sembler étrange que cette eau se révèle plus bienfaisante pour procurer la santé et une longue vie que n'importe quelle solution de myrrhe.

50. Certes, diverses résines et gommes peuvent avoir des vertus, et pourtant ne pas être capables, en raison de leur grosseur, de passer par les vaisseaux lactés et autres fins vaisseaux, ni peut-être transmettre facilement ces vertus à un solvant qui puisse, avec sûreté et rapidité, les répandre à travers tout le corps humain. Sous tous ces rapports, je crois qu'on trouvera que l'eau de goudron a de singuliers avantages. On observe que les esprits acides se révèlent les plus forts selon le degré de chaleur nécessaire pour les élever. Et certes il semble qu'il n'y ait pas d'acide plus doux que celui obtenu par la simple adjonction d'eau froide, qui entraîne les parties les plus légères et les plus subtiles du sujet, et, si je puis m'exprimer ainsi, la fleur même de ses qualités spécifiques. Et ici on doit noter que le sel et esprit volatil des plantes, en stimulant doucement les solides, atténue les fluides qui y sont contenus et favorise les sécrétions, et qu'ils sont pénétrants et actifs, à la différence de la nature générale des autres acides.

51. C'est une grande maxime pour la santé que les humeurs du corps soient maintenues fluides dans une juste proportion. Par suite, l'esprit acide et volatil de l'eau de goudron, qui atténue et rafraîchit tout à la fois à un degré modéré, doit grandement contribuer à la santé, comme désobstruant doux et salutaire, qui accélère la circulation des fluides sans nuire aux solides, et qui, par là, fait disparaître ou prévient ces obstructions qui sont la grande cause générale de la plupart des maladies chroniques ; de cette manière, il correspond aux anti-hystériques, *assafoetida, galbanum*, myrrhe, ambre, et, en général, à toutes les résines et gommes d'arbres ou d'arbustes, qui sont utiles dans les maladies nerveuses.

52. L'eau chaude est par elle-même un désobstruant. Par suite, l'infusion de goudron, bue chaude, s'insinue plus facilement dans tous les fins vaisseaux capillaires, et agit non seulement par la vertu du baume, mais aussi par celle du véhicule. Son goût, ses qualités diurétiques, le fait qu'elle est un si grand cordial, montre l'activité de ce remède. Et, tandis qu'elle accélère le sang paresseux de l'hystérique, sa nature balsamique et huileuse calme le mouvement trop rapide du sang vif et appauvri de ceux qui sont hectiques. Il y a une lenteur

et une douceur dans le sang des gens sains et forts ; au contraire, il y a souvent une aigreur et une dissolution dans celui des personnes faibles et maladives. Les fines particules de goudron ne sont pas seulement chaudes et actives, elles sont aussi balsamiques et émollientes, elles adoucissent et enrichissent le sang vif et insipide, et elles guérissent les érosions qui sont occasionnées par là dans les vaisseaux sanguins et dans les glandes.

53. L'eau de goudron possède les qualités stomacales et cardiaques de l'*Elixir proprietatis,* des gouttes de Stoughton[27], et de beaucoup d'autres teintures et extraits ; à cette différence près qu'il produit ses effets avec plus de sécurité, car il n'a rien de cet esprit de vin, qui, si mêlé et si déguisé soit-il, peut cependant être considéré, dans une certaine mesure, comme un poison.

54. On appelle diaphorétiques les remèdes qui, étant d'une nature active et subtile, passent à travers tout le système et produisent leur effet dans les capillaires et vaisseaux sudatoires les plus fins, qu'ils nettoient et ouvrent doucement. L'eau de goudron est extrêmement bien adaptée à opérer par une telle diaphorèse insensible, par la finesse et l'activité de son esprit acide et volatil. Et, à n'en pas douter, ces parties doivent être très fines, qui peuvent nettoyer les conduits sudatoires, sous la cuticule, s'il est vrai qu'un seul grain de sable couvrirait l'orifice de plus de cent mille.

55. Une autre manière par laquelle opère l'eau de goudron est par l'urine, qui est sans doute celle qui est la plus sûre et la plus efficace pour nettoyer le sang et emporter ses sels. Mais elle semble produire son effet principal comme altératif sûr, et aisé, beaucoup plus sûr que ces remèdes véhéments, purgatifs, émétiques et salivaires, qui font violence à la nature.

56. Une obstruction de certains vaisseaux fait que le sang se meut plus rapidement dans d'autres vaisseaux qui ne sont pas obstrués. De là de multiples désordres. Une liqueur qui dilue et atténue, dissout les concrétions qui obstruent. L'eau de goudron est une liqueur de cette sorte. On peut certes dire de l'eau ordinaire qu'elle atténue ; et aussi des préparations mercurielles qu'elles atténuent. Mais on devrait considérer que l'eau simple ne fait que distendre les vaisseaux, et par là affaiblit leur tonus ; et qu'on peut à bon droit suspecter le mercure,

27. Elixir cordial, breveté en 1712.

en raison de sa grande force vive, de nuire aux fins capillaires ; ces deux désobstruants pourraient donc facilement charger leur rôle, et (en diminuant la force des vaisseaux élastiques) produire à la longue ces concrétions qu'ils ont pour but de faire disparaître.

57. Les médecins les plus capables considèrent les fibres faibles et rigides comme la source de deux groupes différents de maladies : un mouvement lent des liquides affaiblit les fibres : l'eau de goudron est bonne pour les fortifier, puisqu'elle accélère doucement leur contenu. D'autre part, comme elle est un fluide onctueux et doux, elle humidifie et assouplit les fibres sèches et raides, et se révèle ainsi comme un remède contre les deux cas extrêmes.

58. Les savons ordinaires sont un composé de sels lixiviels et d'huile. L'acrimonie corrosive des particules salines étant adoucie par le mélange à une subtance onctueuse, ils s'insinuent dans les petits conduits avec moins de difficulté et de danger. Le mélange de ces diverses substances forme un remède très subtil et très actif, apte à se mêler à toutes les humeurs, et à dissoudre toutes les obstructions. On considère donc à juste titre le savon comme un remède très efficace dans de nombreuses maladies. On pense que le savon alcalin nettoie, atténue, ouvre, dissout, adoucit ; il est pectoral, vulnéraire, diurétique, et il a d'autres bonnes qualités qu'on trouve aussi dans l'eau de goudron. On accorde que l'huile et les sels acides combinés existent dans les végétaux, et que, par suite, il y a des savons acides aussi bien que des savons alcalins. Et la nature savonneuse des esprits acides végétaux est ce qui les rend si diurétiques, si sudorifiques, si pénétrants, si abstersifs et si dissolvants. Tel est, par exemple, l'esprit acide de *guaiacum*. Et toutes ces mêmes vertus semblent se retrouver dans l'eau de goudron à un degré modéré et salutaire.

59. On pense généralement que tous les acides coagulent le sang. Boerhaave en excepte le vinaigre, qu'il considère comme un savon, vu qu'on trouve qu'il contient une huile en même temps qu'un esprit acide. De là vient qu'il est tout à la fois onctueux et pénétrant, un puissant antiphlogistique, et un préservatif contre la corruption et l'infection. Or, il semble évident que l'eau de goudron est un savon aussi bien qu'un vinaigre. En effet, bien qu'il soit de la nature de la résine, qui est une huile brute épaissie, de ne pas se dissoudre dans l'eau (Sect. 47), les sels attirent cependant des fines particules d'huile essen-

tielle, laquelle huile fine sert de véhicule aux sels acides, et se montre à la couleur de l'eau de goudron, car tous les sels purs sont incolores. Et bien que la résine ne se dissolve pas dans l'eau, l'huile subtile cependant, dans laquelle les sels végétaux sont logés, peut aussi bien se mêler à l'eau que le vinaigre, qui contient à la fois de l'huile et du sel. Et de même que l'huile dans l'eau de goudron se découvre à la vue, de même les sels acides se manifestent au goût. L'eau de goudron est donc un savon, et, comme telle, elle a les qualités médicinales des savons.

60. Elle opère plus doucement à mesure que les sels acides perdent leur acrimonie, étant enveloppés d'huile, et, se rapprochant par là de la nature des sels neutres, sont plus bénins et favorables au système animal ; et plus efficacement, puisque, à l'aide d'une huile volatile, douce et insinuante, ces mêmes sels sont plus aisément introduits dans les conduits capillaires. Par suite, contre les fièvres et les maladies épidémiques, aussi bien que contre les maladies chroniques, elle constitue (et j'ai trouvé qu'il en est ainsi) un remède très sûr et très efficace, car elle est bonne contre la trop grande fluidité en tant que balsamique, et bonne contre la viscosité en tant que savon. Il y a quelque chose dans la nature ardente et corrosive des sels lixiviels, qui fait du savon alcalin un remède dangereux dans tous les cas où se révèle une inflammation. Et comme les inflammations sont souvent causées par des obstructions, il semblerait qu'un savon acide soit de beaucoup le désobstruant le plus sûr.

61. Même les meilleures térébenthines, si fameuses soient-elles pour leurs qualités vulnéraires et détersives, disposent cependant par leur chaleur, comme on l'a observé, aux tumeurs inflammatoires. Mais l'esprit acide (Sect. 7, 8) se trouvant en si grande proportion dans l'eau de goudron, en fait un remède plus frais et plus sûr. Et l'huile éthérée de térébenthine, bien qu'elle soit un dessiccateur, un guérisseur et un calmant admirable, quand elle est appliquée extérieurement aux blessures et aux ulcères, et qu'elle soit non moins utile nour nettoyer les passages urinaires et guérir leurs ulcérations, est connue cependant pour être de nature si relâchante qu'elle fait parfois beaucoup de mal quand elle est prise intérieurement. L'eau de goudron ne s'accompagne pas de ces mauvais effets, qui sont dus, je crois, dans une grande mesure au fait que les huiles éthérées perdent leur esprit acide par distillation, lequel, irritant et contractant comme un stimulus, aurait pu se révéler un contrepoids aux qualités excessivement lubrifiantes et relâchantes de l'huile.

62. Les bois en décoction ne semblent pas fournir un suc aussi mûr et élaboré que celui qui est déposé dans les cellules ou *loculi terebinthiaci*, et qui en suinte spontanément. Et, certes, bien que le baume du Pérou, obtenu en faisant bouillir du bois et en écumant la décoction, soit un remède très précieux et de grande importance dans divers cas, particulièrement l'asthme, les douleurs néphrétiques, les coliques nerveuses et les obstructions, pourtant je pense en vérité (et je parle d'expérience) que l'eau de goudron est un remède plus efficace dans tous ces cas que même cette coûteuse drogue.

63. On a déjà observé que les vertus fortifiantes, pectorales et antihystériques des baumes et des gommes les plus précieux sont possédées à un haut degré par l'eau de goudron (Sect. 9, 21, 22, 23). Et je ne connais pas d'applications auxquelles se prêtent les boissons tirées des bois pour lesquelles on ne puisse se servir d'eau de goudron avec un succès au moins égal. Elle contient même les vertus du *guaiacum*, qui semble le plus efficace de tous les bois, réchauffant et adoucissant les humeurs, diaphorétique et utile contre la goutte, l'hydropisie et les catarrhes, aussi bien que contre la vérole. Et il ne devrait pas sembler étrange que les vertus obtenues en faisant bouillir un vieux bois sec se révèlent inférieures à celles extraites d'un baume.

64. Il y a un fin esprit volatil dans les eaux de Geronster, la plus estimée de toutes les sources situées aux environs de Spa, mais dont les eaux ne voyagent pas. Les qualités stomacales, cardiaques et diurétiques de cette source ressemblent quelque peu à celles de l'eau de goudron, qui, si je ne me trompe, contient les vertus des meilleures eaux ferrugineuses et sulfureuses ; à cette différence près, que ces eaux sont aptes à affecter la tête lorsqu'on les prend, ce qui n'est pas le cas de l'eau de goudron. En outre, il y a un régime à observer, surtout avec les eaux ferrugineuses, que je n'ai jamais trouvé nécessaire avec celle-ci. L'eau de goudron n'entraîne aucune restriction, soit quant à la diète, soit quant à l'heure, soit quant à son emploi. Un homme peut se livrer à l'étude, ou prendre de l'exercice, ou se reposer, conserver ses heures habituelles, passer son temps à l'intérieur ou à l'extérieur, et prendre une nourriture saine de n'importe quelle sorte.

65. L'emploi d'eaux ferrugineuses, si excellent soit-il pour les nerfs et l'estomac, est souvent suspendu par des rhumes et des désordres inflammatoires, lors desquels on reconnaît qu'elles sont

très dangereuses ; alors que l'eau de goudron est si loin de nuire en ces cas ou d'être discontinuée pour cette raison, qu'elle contribue grandement à leur guérison (Sect. 7).

66. Les cordiaux, appelés vulgairement ainsi, agissent immédiatement sur l'estomac et, par l'intermédiaire des nerfs, sur la tête. Mais les remèdes d'une opération trop fine et trop légère pour produire un effet sensible dans les *primae viae*, peuvent néanmoins, par leur passage à travers les capillaires, opérer sur les côtés de ces petits vaisseaux de manière à accélérer leurs oscillations, et par suite le mouvement de leur contenu, produisant, à la fin et comme effet, tous les avantages d'un cordial beaucoup plus durable et salutaire que ceux des esprits distillés, qui, par leurs qualités caustiques et coagulantes, font incomparablement plus de mal que de bien. L'eau de goudron est un tel remède cardiaque. Les accès passagers de gaieté, produits par les liqueurs fermentées et les esprits distillés, sont suivis, entre-temps et à proportion, de dépressions de l'esprit. Mais le calme contentement qui naît de cette eau de santé (comme on peut à bon droit l'appeler) est permanent. En quoi elle émule les vertus de cette fameuse plante Gen Seng, si estimée en Chine, comme le seul cordial qui exalte les esprits sans les déprimer. L'eau de goudron est si loin de nuire aux nerfs, comme le font les cordiaux ordinaires, qu'elle est hautement utile dans les crampes, les spasmes des viscères et l'engourdissement paralytique.

67. Les émétiques sont administrés en certaines occasions avec grand succès. Mais on peut craindre à bon droit de surmener et d'affaiblir la nature par un traitement par les émétiques. Ils sont néanmoins prescrits et substitués à l'exercice. Mais on remarque justement dans le *Timée*[28] de Platon, que les vomissements et les purges sont le pire exercice au monde. Il y a quelque chose dans la douce opération de l'eau de goudron, qui semble plus favorable à l'économie, et qui seconde la digestion et les sécrétions d'une façon plus naturelle et plus bénigne ; la douceur de ce remède est telle que j'ai connu des enfants qui en ont pris pendant plus de six mois avec le plus grand bénéfice et sans aucun inconvénient ; et, après des expériences longues et répétées, je l'estime une boisson de diète très excellente, convenable à toutes les saisons et à tous les âges.

68. On reconnaît, je crois, que l'origine de la goutte est

28. *Timée*, 89.

une mauvaise digestion. Et les médecins les plus capables notent que la goutte est si difficile à guérir parce que les remèdes échauffants aggravent sa cause immédiate, et les remèdes rafraîchissants sa cause lointaine. Mais l'eau de goudron, bien qu'elle contienne des principes actifs qui fortifient la digestion plus que toute autre chose à ma connaissance, et que, par suite, elle doive être hautement utile, soit pour prévenir soit pour diminuer l'accès suivant, soit pour fortifier le sang et l'envoyer jusqu'aux extrémités, n'est cependant pas d'une nature si échauffante qu'elle fasse du mal même pendant l'accès. Rien n'est plus difficile ni plus désagréable que de raisonner les hommes au sujet de leurs préjugés ; je ne m'engagerai donc pas dans des controverses à ce propos, mais, si les gens discutent et font des objections, je laisserai la décision au temps et à l'expérience.

69. Dans la pratique moderne, le savon, l'opium et le mercure ont les plus justes titres à être considérés comme Remèdes Universels. On vante beaucoup le premier de ceux-ci. Mais alors, ceux qui le célèbrent le plus excluent son usage dans les cas où l'obstruction est accompagnée d'un alcali putréfiant, ou lorsque apparaît une disposition inflammatoire. On reconnaît qu'il est très dangereux dans la phtisie, la fièvre, et dans des cas où l'eau de goudron est non seulemnt sûre, mais utile.

70. L'opium, bien qu'il soit un remède de grande étendue et de grande efficacité, est cependant connu pour produire de graves désordres chez les personnes hystériques et hypocondriaques, qui forment une grande partie, peut-être la plus grande partie de ceux qui mènent une vie sédentaire dans nos îles. En outre, à l'égard de toutes les constitutions, on peut commettre de dangereuses erreurs dans l'emploi de l'opium.

71. Le mercure est devenu récemment un remède d'un emploi très général, l'extrême petitesse, mobilité et force vive de ses parties en faisant un détersif très puissant de toutes les obstructions, même dans les capillaires les plus petits. Cependant on devrait être prudent dans son emploi, si l'on considère que la chose même qui lui donne de faire plus de bien que les autres désobstruants le dispose aussi à faire du mal. Je veux dire sa grande force vive, dont le poids est environ dix fois celui du sang, et, la force vive étant le produit du poids par la vitesse, il doit opérer avec une grande force ; et ne peut-on craindre à bon droit qu'une si grande force, pénétrant dans les vaisseaux les plus petits, et brisant la matière obstruée, ne brise

aussi ou ne lèse les revêtements fins et tendres de ces petits vaisseaux, et n'amène ainsi les effets prématurés de la vieillesse, en produisant davantage, peut-être, et de pires obstructions que celles qu'elle détruit ? On peut à bon droit craindre des conséquences semblables des autres remèdes minéraux et pesants. Donc, dans l'ensemble, on ne trouve peut-être pas de remède plus général dans son emploi ni plus salutaire dans ses effets, que l'eau de goudron.

72. Supposer que toutes les maladies, qui naissent de causes très différentes et peut-être contraires, peuvent être guéries par un seul et même remède doit sembler chimérique. Mais on peut affirmer avec vérité que la vertu de l'eau de goudron s'étend à une variété surprenante de cas très distants et très différents (Sect. 3, 4, 5, 6, 21, etc.). Cela, je l'ai expérimenté chez mes voisins, chez les miens, et en moi-même. Et comme je vis en un coin éloigné, parmi des voisins pauvres, qui, faute d'un médecin régulier, ont souvent recours à moi, j'ai eu de fréquentes occasions de faire l'épreuve, ce qui m'a convaincu qu'elle est d'une composition si équilibrée qu'elle est ennemie de tous les extrêmes. Je l'ai connu faire grand bien dans une constitution froide et aqueuse, comme cardiaque et stomacal, et en même temps tempérer la chaleur et une soif fébrile dans une autre. Je l'ai connu corriger des habitudes de constipation chez certains, et l'habitude contraire chez d'autres. Et cela ne paraîtra pas incroyable si l'on considère que des qualités intermédiaires réduisent naturellement les extrêmes. De l'eau chaude, par exemple, mêlée à de l'eau bouillante et à de l'eau froide, tempérera la chaleur chez celui-ci, et le froid chez celui-là.

73. Ceux qui connaissent les grandes vertus du savon commun, dont les sels lixiviels grossiers sont le produit du feu culinaire, ne jugeront pas incroyable que les vertus d'une force et d'une étendue considérables se trouvent dans un fin savon acide (Sect. 58), dont les sels et l'huile sont un produit très élaboré de la nature et de la lumière solaire.

74. Il est certain que l'eau de goudron réchauffe, et, par suite, certains pourraient penser qu'elle ne peut rafraîchir. Pour disposer plus effectivement de ce préjugé, considérons en outre que, tout comme, d'une part, des causes opposées produisent parfois le même effet — par exemple, la chaleur par raréfaction, et le froid par condensation accroissent l'une et l'autre l'élasticité de l'air — ainsi, d'autre part, la même

cause produit parfois des effets opposés : par exemple, la chaleur appauvrit le sang, et, par ailleurs, la chaleur le coagule. Il n'est donc pas étrange que l'eau de goudron réchauffe un tempérament et en rafraîchisse un autre, ait un bon effet sur une constitution froide, et un autre bon effet sur une constitution enflammée ; et il n'est pas non plus étrange, s'il en va ainsi, qu'elle guérisse des maladies opposées. Tout cela justifie devant la raison ce que j'ai trouvé vrai dans la réalité. Les sels, les esprits, la chaleur de l'eau de goudron sont d'une température adaptée à la constitution d'un homme qui reçoit d'elle une douce chaleur, mais aucune qui soit inflammatoire. Il est remarquable que deux enfants de mon voisinage, qui effectuaient une cure d'eau de goudron, lorsqu'on l'interrompait, ne manquaient jamais d'avoir leurs épanchements enflammés par une humeur beaucoup plus brûlante et vive qu'à d'autres moments. Mais son grand emploi contre la petite vérole, la pleurésie et la fièvre est une preuve suffisante que l'eau de goudron n'est pas de nature inflammatoire.

75. Je me suis étendu plus longuement sur ce sujet, parce que certains messieurs de la Faculté ont jugé bon de déclarer que l'eau de goudron doit enflammer, et qu'ils ne visiteraient jamais un malade, atteint de fièvre, qui en aurait bu. Mais j'oserai affirmer qu'elle est si loin d'accroître une inflammation fébrile, qu'elle est au contraire un moyen très aisé de la calmer et de l'éteindre. Elle est d'un emploi admirable contre la fièvre, étant tout à la fois le parégorique et le cordial le plus sûr et le plus efficace ; en vérité de quoi, j'en appelle à l'expérience de toute personne qui en prendra une grosse gorgée tiède au paroxysme de la fièvre, même quand de l'eau ordinaire ou des infusions d'herbes se révéleront de peu ou d'aucun effet. Pour moi, il me semble que son emploi singulier et surprenant contre les fièvres de toute espèce, même s'il n'y avait rien d'autre, suffirait à lui seul à la recommander au public.

76. Les meilleurs médecins font consister l'idée de fièvre en une trop grande vitesse du mouvement du cœur, et dans une trop grande résistance au niveau des capillaires. L'eau de goudron, puisqu'elle adoucit et stimule modérément ces fins vaisseaux, aide à mouvoir leur contenu, et contribue ainsi à supprimer ce second aspect de la maladie. Et quant au premier, l'acrimonie irritante qui accélère le mouvement du cœur est diluée par des remèdes aqueux, corrigée par ceux qui sont acides, et adoucie par ceux qui sont balsamiques, toutes intentions qui sont satisfaites par ce remède aqueux, acide et balsa-

mique. En outre, les humeurs visqueuses coagulées par la chaleur fébrile sont résolues par l'eau de goudron en savon, et pas trop résolues, car c'est un savon acide doux ; à quoi on peut ajouter que les humeurs et les sels coupables sont emportés par ses qualités diaphorétiques et diurétiques.

77. J'ai trouvé tout cela confirmé par ma propre expérience durant la récente saison malsaine de l'an 1741, ayant eu vingt-cinq cas de fièvre chez les miens guéris par cette eau médicinale, bue abondamment. On pratiqua la même méthode sur plusieurs de mes voisins pauvres avec un égal succès. Elle calmait soudain les anxiétés fébriles, et chaque verre semblait rafraîchir, et infuser la vie et le courage au malade. D'abord, on avait fait vomir certains de ces malades, mais par la suite je trouvai que sans vomissements, saignées vésicatoires, ni aucune autre évacuation ou remède que ce fût, on pouvait guérir de très mauvaises fièvres par le seul fait de boire de l'eau de goudron tiède, et en quantité suffisante, par exemple un grand verre toutes les heures ou plus souvent, pris au lit. Et il était remarquable que ceux qui étaient guéris par ce cordial agréable recouvraient immédiatement santé et courage, alors que ceux qui avaient été soignés par évacuations languissaient souvent longtemps, même après que la fièvre les eût quittés, avant de pouvoir se remettre de leurs remèdes et de reprendre des forces.

78. Dans des cas de pneumonies et de pleurésies, j'ai observé que l'eau de goudron était excellente, ayant vu des personnes atteintes de pleurésies guéries sans saignées, en appliquant dès le début un vésicatoire sur le point, et en buvant abondamment de l'eau de goudron, quatre ou cinq quarts, ou même davantage, en vingt-quatre heures. Et je recommande pressamment d'essayer à nouveau si, dans tous les cas de pleurésie, une saignée modérée, un vésicatoire à l'endroit même, et beaucoup d'eau de goudron tiède ne peuvent suffire, sans ces saignées répétées et immodérées, dont on ne se remet peut-être jamais. J'ai même idée qu'une personne atteinte de pleurésie, qui va au lit de bonne heure, et qui boit très copieusement de l'eau de goudron, peut être guérie par cela seul, sans saignée, ni vésicatoires ni autre remède que ce soit ; j'ai certainement trouvé que cela réussit à la dose d'un verre toutes les demi-heures.

79. J'ai connu un flux de sang, qui durait depuis longtemps, après que divers remèdes aient été essayés en vain, se voir guérir par l'eau de goudron. Mais ce que je considère être le remède le plus rapide et le plus efficace contre un flux de sang

est un clystère d'une once de résine brune ordinaire dissoute au-dessus d'un feu dans deux onces d'huile, et ajoutée à une pinte de bouillon : j'ai eu de fréquentes occasions de l'essayer il y a peu de temps lorsque cette maladie était épidémique. Et je ne puis dire non plus que quelqu'un à qui je l'ai recommandé ait échoué. Je fus conduit à faire cette expérience par l'opinion que j'avais du goudron comme baume ; et la résine est seulement du goudron épaissi.

80. Il n'y a rien que je connaisse, qui fortifie autant l'estomac, que l'eau de goudron (Sect. 68). Il s'ensuit qu'elle doit être d'un usage singulier pour les personnes affligées de la goutte. Et, d'après ce que j'ai observé en cinq ou six cas, je crois en vérité qu'elle est le remède le meilleur et le plus sûr soit pour prévenir la goutte, soit pour fortifier la nature contre l'accès au point de le chasser des parties vitales ; soit, à d'autres moments, pour changer en goutte une maladie plus grave, et ainsi s'en débarrasser. Dr. Sydenham, dans son traité *De la goutte,* déclare que quiconque trouve qu'un remède est le plus efficace pour fortifier la digestion rendra plus de services pour la guérison de cette maladie et d'autres affections chroniques, qu'il ne peut même se l'imaginer. Et je laisse à l'expérience le soin de décider si l'eau de goudron n'est pas ce remède, comme j'en suis moi-même persuadé, par tous les essais que j'ai pu faire. Mais, dans tous ces essais, je recommanderais la prudence; par exemple, un homme qui souffre de la goutte dans l'estomac, ne devrait pas boire de l'eau de goudron froide. Le présent Essai laisse place à des expériences futures en toutes ses parties, et ne prétend pas être un traité complet.

81. Il est évident aux sens que le sang, l'urine et d'autres humeurs animales, lorsqu'on les laisse reposer, contractent bientôt une grande acrimonie. Donc les sucs qui sont retenus et demeurent stagnants dans le corps, à la suite d'une mauvaise digestion, deviennent aigres et putrides. Par suite, une chaleur qui fermente est la cause immédiate de la goutte. Vouloir guérir cela par des remèdes rafraîchissants, puisqu'ils accroissent la cause antécédente, doit être un vain essai. D'autre part, les épices et les spiritueux, tandis qu'ils contribuent à supprimer la cause antécédente ou mauvaise digestion, accroîtraient, en enflammant le sang, la cause prochaine ou immédiate de la goutte, à savoir la chaleur qui fermente. Le but doit donc être de trouver un remède qui fortifie mais n'enflamme pas. On recommande les herbes amères ; mais elles sont faibles en comparaison de l'eau de goudron.

82. La grande force de l'eau de goudron, pour corriger l'acrimonie du sang, n'apparaît nulle part davantage que dans la guérison de la gangrène procédant d'une cause interne, qui fut accomplie sur un de mes propres serviteurs, en prescrivant l'emploi copieux et constant de l'eau de goudron pendant quelques semaines. Du fait que je représente que l'eau de goudron est bonne pour tant de choses, certains en concluraient peut-être qu'elle n'est bonne à rien. Mais la charité m'oblige à dire ce que je sais et ce que je pense, quelle que soit la façon dont on le prenne. Les hommes peuvent critiquer et objecter à leur gré, mais j'en appelle au temps et à l'expérience. Des effets mal imputés, des cas mal rapportés, des circonstances négligées, peut-être aussi des préjugés et des partialités contre la vérité, peuvent pendant un temps prévaloir et la maintenir au fonds de son puits, d'où néanmoins elle émerge tôt ou tard, et s'impose aux yeux de tous ceux qui ne les gardent pas fermés.

83. Boerhaave pense qu'un remède spécifique peut être trouvé contre ce poison particulier qui infecte le sang dans la petite vérole, et que la perspective d'un si grand bienfait public devrait inciter les hommes à le rechercher. Ses succès merveilleux dans la prévention et l'atténuation de cette maladie (Sect. 2, 3) m'inclineraient à m'imaginer que l'eau de goudron est un tel remède spécifique, puis que je l'ai trouvée d'un emploi souverain aussi bien pendant qu'avant la petite vérole. Certains pensent qu'un érésipèle et la peste diffèrent seulement en degré. S'il en est ainsi, l'eau de goudron devrait être utile contre la peste, car je l'ai vu guérir un érésipèle.

84. L'eau de goudron, comme dépuratif, comme cicatrisant et comme balsamique, est bonne dans tous les désordres des voies urinaires, qu'elles soient obstruées ou ulcérées. Dr. Lister[29] suppose de fait que les térébenthines agissent par leur qualité caustique, qui irrite les revêtements des conduits urinaires dans le but d'expulser le sable ou le gravier. Mais il semblerait que cette vertu diurétique expulsante consiste plutôt dans les sels que dans la résine, et, par suite, qu'elle réside dans l'eau de goudron, qui stimule doucement par ses sels, sans la force dangereuse d'un caustique. L'action violente de l'ipécacuana réside dans sa résine, mais l'extrait salin est un purgatif doux et diurétique, par le stimulus de ses sels.

29. Martin Lister (1638-1712), médecin et naturaliste.

85. Ce qui agit comme un doux cordial (Sect. 66), sans blesser les vaisseaux capillaires en tant que caustique, ni affecter les nerfs, ni coaguler les sucs, doit être, dans tous les cas, un ami de la nature, et assister la *vis vitae* dans sa lutte contre toutes sortes de contagions. Et d'après ce que j'ai observé, l'eau de goudron me paraît un antiseptique utile contre tous les désordres épidémiques, et contre toute autre infection, de quelque nature qu'elle soit, aussi bien que celle de la petite vérole. Les effets que les *animi pathemata* ont dans les maladies humaines sont bien connus, et, par suite, le bienfait général d'un tel cardiaque peut être raisonnablement supposé.

86. Comme on dit que le corps revêt l'âme, ainsi peut-on dire que les nerfs constituent son revêtement intérieur. Et comme l'âme anime l'ensemble, ce qui touche presque à l'âme est relié à tout. Par suite, l'âpreté des sels tartriques et l'acrimonie brûlante des sels alcalins, en irritant et en blessant les nerfs, produisent des passions et des anxiétés naissantes dans l'âme ; toutes les deux aggravent les maladies et rendent la vie de l'homme agitée et misérable, même quand il n'est affligé d'aucune maladie apparente. C'est le ressort caché de beaucoup de peines, de mélancolies et de *taedium vitae*. Les petites irritations imperceptibles des fibres ou filaments les plus menus, causées par les sels âcres des vins et des sauces, secouent et troublent à tel point les microcosmes [30] de ceux qui mènent grande vie, qu'ils soulèvent des tempêtes devant les tribunaux et les assemblées ; tandis que les douces vibrations qui sont produites dans les nerfs par un fin acide subtil, enrobé dans une douce huile volatile (Sect. 59, 61) qui stimule et tonifie doucement les vaisseaux et fibres nerveux, promeut une circulation et une sécrétion appropriées des sucs animaux, et crée une impression de santé calme et satisfaite. Et, par suite, j'ai souvent vu l'eau de goudron procurer le sommeil et disposer les esprits dans les veilles cruelles occasionnées soit par la maladie, soit par une application d'esprit trop intense.

87. Dans les maladies, tantôt des accidents surviennent de l'extérieur par l'effet d'un mauvais traitement, tantôt des causes cachées opèrent de l'intérieur, conjointement à l'infection spécifique ou cause particulière du mal. Les causes des désordres sont souvent compliquées, et il peut y avoir quelque chose dans l'idiosyncrasie du malade qui déroute le médecin.

30. C'est-à-dire le corps humain. Même sens Sect. 145, 154, 261, 361.

On peut donc présumer qu'aucun remède n'est infaillible, pas même contre une seule affection. Mais, comme l'eau de goudron possède les vertus de fortifier l'estomac, tout autant que de purifier et de tonifier le sang, plus que tout autre remède à ma connaissance, on peut présumer qu'elle est d'une grande efficacité générale dans toutes ces nombreuses maladies qui naissent d'un sang impur ou insipide, ou d'une mauvaise digestion. Les esprits animaux sont élaborés à partir du sang. Par suite, tel est le sang, tels seront les esprits animaux, plus ou moins faibles ou forts. Cela montre l'utilité de l'eau de goudron dans tous les cas d'hystérie et d'hypocondrie, qui, conjointement aux maladies qui viennent de l'indigestion, comprennent presque toute la famille des affections chroniques.

88. On peut estimer que le scorbut est, sous nos climats, une maladie universelle, vu que les gens en général y sont sujets, et qu'il se mêle plus ou moins à presque toutes les affections. Que cela vienne du manque d'élasticité de l'air que nous respirons, dont dépend le tonus des vaisseaux, et à leur tour les diverses sécrétions ; ou que cela vienne de l'humidité de notre climat, ou du caractère grossier de notre nourriture, ou des sels contenus dans notre atmosphère, ou de toutes ces causes ensemble, il peut sembler raisonnable de supposer pour le moins que, comme les médecins en Espagne et en Italie sont enclins à soupçonner que l'infection vénérienne est un principe caché et joue son rôle dans toute maladie, ainsi, pour des raisons tout aussi bonnes, nos médecins devraient considérer que le scorbut a sa part dans bien des désordres et des dispositions qu'ils rencontrent sur leur chemin. Il est certain que notre transpiration n'est pas aussi libre que dans un air plus clair et sous des climats plus chauds. Les sucs transpirables, qui ne sont pas rejetés, deviennent stagnants et putrides. Un régime de nourriture animale sera apte à rendre alcalescents les sucs de notre corps. De là les humeurs ichoreuses et corrosives, et bien des désordres. L'air humide rend le sang visqueux, et l'air salin enflamme ce sang visqueux. De là, les capillaires brisés, le sang extravasé, les boutons et les ulcères, et les autres symptômes scorbutiques. Le corps humain attire et imbibe l'humidité et les sels de l'air et tout ce qui flotte dans l'atmosphère, qui, vu qu'il est commun à tous, affecte tout le monde, plus ou moins.

89. Le docteur Musgrave[31] pense que le scorbut du Devonshire est un vestige de la lèpre, et qu'il n'est pas dû aux qualités de l'air. Mais, comme les insulaires que nous sommes vivent en général dans un air salin grossier, et que leurs vaisseaux, étant moins élastiques, sont par suite moins aptes à réduire et à rejeter ce que leurs corps absorbent comme des éponges, on serait tenté de soupçonner que l'air a beaucoup à voir à la chose, surtout dans une situation telle que celle du Devonshire. Dans toutes nos îles britanniques, nous connaissons un climat très médiocre, dont l'effet est que nous n'avons ni assez de chaleur pour élever et dissiper les vapeurs grossières, comme en Italie, ni assez de froid pour les condenser et les précipiter, comme en Suède. Elles restent donc à flotter dans l'air que nous respirons constamment, et que nous imbibons par toute la surface du corps. Et cela, joint aux exhalaisons des feux de charbon, et des divers fossiles dont nous abondons, contribue grandement à nous rendre scorbutiques et hypochondriaques.

90. Il y a des gens qui font dériver toutes les maladies du scorbut, qui, on doit le reconnaître, crée ou imite la plupart des autres maladies. Boerhaave nous dit qu'il produit des douleurs pleurétiques, coliques, néphrétiques, hépatiques, diverses fièvres, des dysenteries brûlantes, malignes, intermittentes, des évanouissements, des anxiétés, des hydropisies, des phtisies, des convulsions, des paralysies, des flux de sang. En un mot, on peut dire qu'il contient le germe et l'origine de presque toutes les affections. A tel point qu'un remède qui guérit toutes les sortes de scorbut peut être considéré bon contre la plupart des autres maladies.

91. Le scorbut n'imite pas seulement la plupart des désordres par la variété de ses symptômes, mais aussi, lorsqu'il en arrive au plus fort, il égale en degré de virulence les affections les plus malignes. De cela, nous avons une preuve remarquable dans cette horrible description des scorbutiques des hôpitaux de Paris, donnée par M. Poupart[32], dans les « Mémoires de l'Académie Royale des Sciences de l'an 1699 ». Cet auteur pense y avoir vu quelque ressemblance à la peste d'Athènes[33]. Il est difficile d'imaginer quelque chose de plus terrible que le cas

31. William Musgrave (1655-1721). Cf. *De arthritide symptomatica dissertatio*, 1703, ch. 6.

32. François Poupart (1661-1709), naturaliste français. Cf. *Mémoires de l'Académie*, nov. 1699, pp. 169-176.

33. En 430 av. J.-C. Cf. Thucydide, *Histoire de la guerre du Péloponnèse*, II, 7.

de ces hommes, qui se putréfiaient vifs sous l'action du scorbut à son plus haut degré. Pour obvier à une telle putréfaction, je crois que la méthode la plus efficace serait d'embaumer (si je puis m'exprimer ainsi) le corps vivant avec de l'eau de goudron bue en abondance ; et cette croyance ne va pas sans expérience.

92. C'est l'opinion reçue que les sels animaux d'un corps sain sont d'une nature neutre, suave et bénigne ; c'est-à-dire que les sels dans les sucs au-delà des *primae viae* ne sont ni acides ni alcalins, ayant été atténués par la constitution, et changés en une troisième nature. Là où la constitution manque de force pour réaliser cela, l'aliment n'est pas correctement assimilé : et dans la mesure où les sels gardent leurs qualités premières, des symptômes maladifs s'ensuivent, car les acides et les alcalis, n'étant pas parfaitement atténués, produisent de faibles ferments dans les sucs. De là, le scorbut, la cachexie et une longue suite de maux.

93. La cachexie, ou mauvaise constitution, a beaucoup de ressemblance avec le scorbut, procède des mêmes causes et s'accompagne de symptômes semblables, qui sont si nombreux et si variés qu'on peut fort bien tenir le scorbut pour une cachexie généralisée, infectant la constitution tout entière, et viciant toutes les digestions. Certains ont compté autant de sortes de scorbut qu'il y a d'infections diverses du sang. D'autres ont supposé qu'il est une collection de toutes les maladies mises ensemble. Certains supposent qu'il est une accumulation de plusieurs affections *in fieri.* D'autres le considèrent comme un assemblage des séquelles d'anciens désordres.

94. Mais, du moins, cela est certain : on ne doit pas plus essayer de guérir le scorbut par des remèdes très actifs, que (pour employer l'image d'un ingénieux écrivain) on ne doit enlever de force une épine dans la chair, ou de la poix sur de la soie. L'humeur visqueuse doit être doucement dissoute et diluée, le tonus des vaisseaux rétabli par une stimulation modérée, et les tendres fibres et les vaisseaux capillaires graduellement dégagés des matières solidifiées qui y adhèrent et qui les obstruent. Tout cela est accompli de la façon la plus apte par un diluant aqueux, contenant un fin savon végétal. Et bien qu'une guérison complète par altératifs, opérant sur les petits capillaires, et par écoulements insensibles, doive demander beaucoup de temps, toutefois le bon effet de ce

remède sur les personnes cachectiques et scorbutiques est bientôt perçu par le changement qu'il produit sur leur mine pâle et terne : il leur donne une mine florissante et saine, en moins de temps, peut-être, que tout autre remède.

95. Les médecins supposent que la cause immédiate du scorbut se trouve dans le sang, dont la partie fibreuse est trop épaisse, et dont le sérum est trop clair et trop acide ; de là vient la grande difficulté de la guérison, car en corrigeant une partie, il faut tenir compte de l'autre. Il est bien connu qu'il est extrêmement difficile de guérir un scorbut invétéré : combien de malades scorbutiques ont vu leur état s'aggraver par un traitement malavisé au moyen d'évacuations ; combien sont même devenus incurables par le traitement de médecins peu réfléchis ; et combien difficile, fastidieuse et incertaine est la guérison entre les mains des meilleurs eux-mêmes, qui sont obligés d'utiliser une telle variété de remèdes et de les changer si souvent suivant les différentes phases de la maladie : on peut néanmoins en guérir (si je puis en juger par ce que j'ai éprouvé) par le seul emploi, régulier, constant et abondant, de l'eau de goudron.

96. L'eau de goudron épaissit modérément par sa vertu balsamique la partie claire et acide du sang, et elle la rend douce. Elle dissout les concrétions grumeleuses de la partie fibreuse, en tant que remède savonneux. En tant que baume, elle détruit l'acrimonie ulcéreuse des humeurs, et en tant que désobstruant, elle débouche et nettoie les vaisseaux, restaure leur tonus, et fortifie la digestion, dont les insuffisances sont la cause principale du scorbut et de la cachexie.

97. Dans la guérison du scorbut, l'objet principal est d'atténuer l'acrimonie du sang et des sucs. Mais, comme cette acrimonie procède de causes différentes ou même opposées, comme l'acide et l'alcali, ce qui est bon dans une sorte de scorbut se révèle dangereux ou même mortel dans une autre. Il est bien connu que des antiscorbutiques brûlants, là où les sucs du corps sont alcalescents, aggravent la maladie. Et les fruits et les légumes aigres produisent un effet semblable dans le scorbut causé par une acrimonie acide. Par suite, des bévues fatales sont commises par des médecins irréfléchis, qui, ne distinguant pas la nature de la maladie, l'aggravent fréquemment au lieu de la guérir. Si j'en crois les essais que j'ai pu faire, cette eau est bonne contre les différentes sortes de scorbut, acide, alcalin et muriatique, et je crois qu'elle est

le seul remède qui les guérit toutes sans causer de mal en aucune. En tant qu'il contient un acide volatil (Sect. 7) joint à une fine huile volatile, pourquoi un remède qui est frais en l'une de ses parties et chaud en une autre ne peut-il pas agir dans les deux sens (Sect. 72) ? J'ai observé qu'il produit une douce chaleur réconfortante, sans trop d'intensité, ce qui est la chose à viser dans toutes les sortes de scorbut. En outre, le baume, dans l'eau de goudron, enveloppe également tous les sels scorbutiques : et ses grandes vertus comme digestif et comme désobstruant sont d'une utilité générale dans tous les cas de scorbut, et, puis-je ajouter, dans tous les cas chroniques, de quelque nature soient-ils.

98. Je ne puis être sûr de l'avoir essayée dans un cas scrofuleux, bien que je l'ai essayée avec succès dans un cas que je soupçonnais être tel. Et j'ai l'impression qu'elle devrait être très utile dans de tels désordres. En effet, bien que Dr. Gibbs[34], dans son traité sur le mal du roi, fasse dériver cette maladie d'un acide coagulant, ce qui s'accorde aussi à l'opinion d'autres médecins, et quoique l'eau de goudron contienne un acide, cependant, comme elle est un savon (Sect. 58), elle dissout les humeurs du corps au lieu de les coaguler.

99. Pour les désordres hystériques et hypocondriaques, si fréquents parmi nous, on suppose communément que tous les acides sont mauvais. Mais je me hasarderai à faire exception pour le savon acide de l'eau de goudron, ayant trouvé par ma propre expérience et celle de beaucoup d'autres, qu'elle rend courage, et qu'elle est un excellent antihystérique, non moins inoffensive que puissante, ce qu'on ne peut dire de ces autres remèdes, qui, souvent, laissent les gens plus mal en point qu'ils ne les ont trouvés.

100. A un haut degré de scorbut, beaucoup considèrent la salivation mercurielle comme le seul remède ; par le choc violent qu'elle donne au corps tout entier, et par la sécrétion appréciable qu'elle produit, on peut penser qu'elle est plus adéquate à un tel effet. Mais le désordre occasionné par ce processus violent, doit-on craindre, peut n'être jamais surmonté. Le danger immédiat, les mauvais effets fréquents, le dérangement extrême et les soins délicats qui accompagnent un tel

34. James Gibbs (mort en 1724). La scrofule était désignée en Angleterre, à cette époque, sous le nom de mal du roi.

traitement, le font craindre à juste titre. Et bien que la sécrétion sensible soit si grande, cependant, sur une période de temps plus longue, l'emploi de l'eau de goudron peut produire un écoulement aussi considérable de sels scorbutiques par l'urine et par la transpiration, dont l'effet, quoiqu'il ne soit pas si appréciable, peut cependant être plus grand que celui de la salivation, surtout s'il est vrai que, dans la vie ordinaire, la transpiration imperceptible est à la nutrition et à toutes les excrétions sensibles dans la proportion de cinq à trois.

101. Beaucoup de troubles hystériques et scorbutiques, bien des infections contractées par eux-mêmes ou héritées de leurs ancêtres, affligent les gens de condition dans nos îles, les rendant souvent, dans l'ensemble, beaucoup plus malheureux que ceux que la pauvreté et le travail ont rangés parmi les plus déshérités du sort : ces troubles peuvent disparaître ou se trouver soulagés par le seul emploi de l'eau de goudron, et ces existences qui ne semblent guère valoir la peine d'être vécues en raison du mauvais appétit, de l'abattement, des nuits agitées, des souffrances et des anxiétés épuisantes, deviennent aisées et confortables.

102. Etant donné que les nerfs sont les instruments de la sensation, il s'ensuit que les spasmes nerveux peuvent produire tous les symptômes, et, par suite, un désordre dans le système nerveux imitera toutes les maladies, et occasionnera apparemment de l'asthme, par exemple, une pleurésie ou un accès de la pierre. Or, tout ce qui est bon pour les nerfs en général est bon contre tous ces symptômes. Mais l'eau de goudron, vu qu'elle inclut à un éminent degré toutes les vertus des gommes et des résines chaudes, est de grande utilité pour réconforter et fortifier les nerfs (Sect. 86), car elle guérit les crispations dans les fibres nerveuses, les crampes aussi, et l'engourdissement des membres, elle fait disparaître les anxiétés, et elle favorise le sommeil ; dans tous ces cas, j'ai trouvé qu'elle réussit parfaitement.

103. Ce remède sûr et bon marché convient à toutes les circonstances et à toutes les constitutions : il opère facilement, il guérit sans déranger, il rend courage sans déprimer, circonstance qui mérite toute notre attention, surtout en nos climats, où les liqueurs fortes produisent si fatalement et si fréquemment ces détresses auxquelles elles ont pour but de remédier ; et, si mes informations sont bonnes, même parmi les dames elles-mêmes, qui, en vérité, sont bien à plaindre. Leur condition

de vie en fait la proie des malheurs imaginaires qui ne manquent jamais de se développer dans les esprits inexercés et inemployés. Pour se débarrasser de ceux-ci, il y en a, dit-on, qui s'adonnent aux spiritueux. Et il n'est pas improbable qu'elles soient amenées graduellement à l'emploi de ces poisons par une certaine pharmacie complaisante, dont on fait trop usage dans la pratique moderne, gouttes contre la paralysie, cordial de pavot, eau contre la peste, et autres semblables, qui, n'étant en vérité que de l'alcool déguisé, pourtant, parce qu'ils viennent de chez l'apothicaire, sont considérés seulement comme des remèdes.

104. Bien des anciens sages supposaient que l'âme de l'homme avait été enfermée dans le corps humain comme dans une prison, en punition d'offenses passées. Mais la pire prison est le corps d'un épicurien indolent, dont le sang est enflammé par les liqueurs fermentées (Sect. 66) et les sauces relevées, ou rendu putride, acide et corrosif par la stagnation des sucs animaux, due à la paresse et à l'indolence ; dont les membranes sont irritées par des sels âcres ; dont l'esprit est agité par les oscillations pénibles du système nerveux (Sect. 86) ; et dont les nerfs sont mutuellement affectés par les passions irrégulières de l'esprit. Ce ferment dans l'économie animale obscurcit et brouille l'intellect. Il produit de vaines terreurs et de vains orgueils, et il stimule dans l'âme des désirs fous, que, n'étant pas naturels, rien dans la nature ne peut satisfaire. Il n'est donc pas étonnant qu'il y ait tant de personnes excellentes des deux sexes, brillantes en elles-mêmes, et rendues plus brillantes encore par la fortune, qui soient intérieurement malheureuses et dégoûtées de la vie.

105. La dureté des constitutions vulgaires et courtaudes les rend insensibles à mille choses qui tourmentent et irritent ces personnes délicates qui, comme si elles avaient été écorchées, ressentent au vif tout ce qui les touche. On cherche communément le remède à cette sensibilité délicate et douloureuse dans les liqueurs fermentées, et parfois dans les liqueurs distillées, ce qui rend misérables des vies qui, autrement, n'auraient été que ridicules. Les tendres nerfs et l'abattement de ces pauvres créatures seraient bien soulagés par l'emploi de l'eau de goudron, qui pourrait prolonger et réjouir leur vie. Je leur recommande donc l'usage d'un cordial, non seulement sans danger et inoffensif, mais qui donne santé et courage aussi sûrement que d'autres cordiaux les détruisent.

106. Je pense en vérité qu'il n'y a pas d'autre remède qui soit aussi efficace pour rétablir une constitution démentielle, et réjouir un esprit morne, ou aussi susceptible de renverser ce lugubre empire de la mélancolie (Sect. 103) qui tyrannise le meilleur monde (comme on l'appelle) de nos nations libres, et qui en fait, en dépit de leur liberté et de leurs biens, des esclaves encore plus misérables que les sujets d'une monarchie absolue, qui respirent un air pur sous un climat ensoleillé : tandis que les gens d'humble condition jouissent souvent d'une tranquillité et d'un contentement que nul avantage de la naissance ou de la fortune ne peut égaler. Tel fut le cas, certes, aussi longtemps que les riches purent seuls se permettre d'être débauchés ; mais quand les mendiants eux-mêmes se débauchèrent, les choses furent tout autres.

107. La vertu et le courage publics de la législature anglaise ne se montrèrent jamais avec plus d'évidence dans une loi que dans celle pour la suppression de l'usage immodéré des esprits distillés parmi le peuple [35], dont la force et le nombre constituent la véritable richesse d'une nation : on peut craindre cependant que l'art du détour ne prévaille, aussi longtemps que les esprits distillés, de quelque sorte qu'ils soient, seront tolérés, le caractère de l'Anglais étant en général celui de Brutus : *Quicquid vult, valde vult* [36]. Mais pourquoi tolérer un tel chancre dans les parties vitales de l'Etat, sous quelque prétexte ou sous quelque forme que ce soit ? Il serait bien préférable que tout le présent ensemble des distillateurs soit pensionné par le public, et que leur négoce soit aboli par la loi ; puisque tous les bénéfices de leurs opérations ajoutés les uns aux autres n'équivaudraient pas à la centième partie des maux causés.

108. Pour prouver les effets destructifs de tels esprits en ce qui concerne à la fois l'espèce humaine et les individus, point nous est besoin d'aller jusqu'à nos colonies, ou jusqu'aux indigènes sauvages d'Amérique. Nous pouvons en trouver des preuves évidentes plus près de chez nous. En effet, bien qu'il y ait dans toute ville ou tout district de l'Angleterre quelque solide buveur de goutte, établi comme l'appât du diable pour engager des prosélytes ; toutefois, la santé et les mœurs

35. Berkeley se réfère sans doute au *Gin Act* de 1736, ou encore à la loi de 1743. On retrouve une image de l'alcoolisme à cette époque dans la gravure de Hogarth, intitulée *Gin Lane*. Le sujet tenait à cœur à Berkeley : il y revient dans ses lettres à Thomas Prior, dans l'*Alciphron* (II, 23), dans *Querist* (q. 347-349).

36. Cicéron à Atticus.

corrompues, et la mendicité d'un si grand nombre montrent à l'évidence que nous n'avons pas besoin d'un autre ennemi pour achever notre destruction que cet objet de luxe à bon marché dans les couches les plus basses de l'Etat, et qu'une nation qui brûle par les deux bouts sera bientôt consumée.

109. Il est bien à regretter que les habitants de nos îles, qui agissent et pensent tellement dans leur propre intérêt, doivent cependant, de par la grossièreté de l'air et du régime, devenir stupides ou tomber dans la sénilité plutôt que d'autres peuples, qui, par la vertu de leur air élastique, le fait qu'ils boivent de l'eau et mangent modérément, préservent leurs facultés jusqu'à un âge extrêmement avancé ; on pourrait peut-être se rapprocher de cet avantage, sinon l'égaler, même en nos régions, par l'eau de goudron, l'abstention de boissons alcooliques et l'habitude de se lever et de se coucher tôt. Cette dernière est une sûre addition à la vie, non seulement par rapport au temps, qui, étant retiré au sommeil, l'image de la mort, est ajouté aux heures de veille, mais aussi par rapport à la longévité et à la durée au sens vulgaire. Je puis dire aussi par rapport au courage et à la vivacité, qui, dans les mêmes limites de durée, peuvent en vérité et au sens propre être considérés comme ajoutant à la vie de l'homme ; car il est manifeste qu'un homme, par un mouvement plus vif de ses esprits et une succession plus rapide de ses idées, vivra plus en une heure qu'un autre en deux heures ; et que la quantité de vie doit être estimée non seulement d'après la durée, mais aussi d'après l'intensité de la vie. Cette vie intense, ou, si je puis dire, cette vie vivante, n'est pas plus facilitée par le fait de se lever et de se coucher tôt considéré comme un régime que par l'eau de goudron prise comme cordial, qui agit non seulement comme un lent remède, mais qui a aussi un effet immédiat et réconfortant sur les esprits (Sect. 66).

110. On doit accorder que la lumière attirée, sécrétée et conservée dans le goudron (Sect. 8, 29, 40), et ensuite entraînée dans ses particules balsamiques les plus fines par le doux solvant de l'eau froide, n'est pas un remède violent et soudain, qui produise toujours son effet immédiatement (de tels remèdes, en causant de l'irritation, font souvent plus de mal que de bien), mais un altératif sûr et doux, qui pénètre le système tout entier, qui débouche, cicatrise et fortifie les vaisseaux éloignés, altère et meut leur contenu, et entre dans les capillaires les plus petits, et ne peut donc autrement que par degrés et en son temps opérer une guérison radicale des maladies chroniques. Il donne

néanmoins un rapide soulagement dans la plupart des cas, comme je l'ai trouvé par moi-même et bien d'autres. J'ai été surpris de voir des personnes abattues et alanguies sous l'effet d'une mauvaise digestion, recouvrer un bon estomac au bout de quelques semaines, et avec lui du poids et de la force, en sorte qu'elles semblaient renouvelées, par le fait de boire de l'eau de goudron. La force et la quantité de cette eau que doit prendre chaque personne individuelle est déterminée au mieux par expérience. Et quant à la durée du traitement, je n'ai jamais vu aucun mal s'ensuivre du fait qu'il était continué pendant très longtemps, mais au contraire, bien des avantages considérables, qui, parfois, ne commenceraient peut-être pas à se manifester avant qu'on en ait pris pendant deux ou trois mois.

111. Pline nous apprend que, lors de la première fermentation du vin nouveau ou *mustum*, les anciens avaient coutume de le saupoudrer de résine pulvérisée, ce qui lui donnait un certain piquant, *quaedam saporis acumina*. On estimait que cela améliorait grandement son parfum et son goût, et, je n'en doute pas, sa salubrité également. La vieille résine brune, c'est-à-dire le goudron durci, comme il se pulvérise et se tamise plus facilement, était très recherchée dans ce but. De même, ils avaient coutume de relever leurs récipients à vin avec de la poix ou de la résine. Et je ne doute pas que si nos négociants en vin trouvaient moyen de médicamenter leurs vins au moyen des mêmes ingrédients, ils pourraient les améliorer et les conserver avec moins de peine et de dépense pour eux-mêmes, et moins de danger pour autrui. Ceux qui désirent avoir plus de détails sur la question peuvent consulter Pline et Columelle[37]. J'ajouterai seulement qu'on pourrait améliorer la bière de façon semblable.

112. On utilise parfois le terme ῥητίνη de Théophraste et le terme de *resina* de Pline dans un sens général, pour désigner toutes sortes d'exsudations huileuses et visqueuses venant des plantes ou des arbres. Le jus aqueux brut qui monte au début du printemps est graduellement mûri et épaissi par la chaleur solaire, devenant dans une succession ordonnée qui correspond aux saisons, une huile, un baume et enfin une résine. Et les chimistes observent que la térébenthine, dissoute à chaleur modérée, se transforme successivement sous cette action constante en huile, en baume, en poix et en résine dure et friable, qui se mêlera à l'huile ou à l'esprit rectifié, mais non à l'eau.

37. Pline, *Histoire Naturelle*, XIV, 25 ; Columelle, *De re rustica*, XII, 23.

113. Sir John Floyer[38] remarque qu'il nous manque une méthode pour l'emploi de la térébenthine ; et il ajoute que celui qui découvrira la méthode la plus agréable de donner de la térébenthine opérera de grandes guérisons dans les cas de goutte, pierre, catarrhe, hydropisie et scorbut froid, rhumatisme, ulcère et obstruction des glandes. Enfin, il ajoute que, dans le but d'altérer et d'améliorer les sucs et les fibres, on doit en donner fréquemment, et en petites quantités à la fois, et d'une manière si commode qu'elle s'accorde le mieux avec l'estomac (Sect. 9), qu'elle reste le plus longtemps dans le corps, et qu'elle ne se purge pas elle-même ; car de fortes doses (dit-il) traversent trop rapidement l'organisme, et, en outre, nuisent souvent à la tête. Or, l'infusion de goudron ou de térébenthine dans l'eau froide semble fournir la méthode même que l'on désirait, puisqu'elle laisse de côté les parties les plus onctueuses et les plus grossières (Sect. 47), qui pourraient nuire à l'estomac, aux intestins et à la tête ; et comme on peut la prendre facilement, et aussi souvent, et en quantité et au degré de force qui convient au cas du malade. Et il ne devrait pas sembler que le fin esprit et l'huile volatile obtenus par infusion de goudron (Sect. 7, 42, 58) sont inférieurs à ceux de la térébenthine, auxquels elle surajoute la vertu de la suie de bois, qu'on sait être très grande pour la tête et les nerfs ; et cela apparaît évident d'après la manière d'obtenir du goudron (Sect. 13). Et comme les fines parties volatiles du goudron et de la térébenthine sont retirées par infusion dans l'eau froide, et sont facilement transmises à travers tout le système du corps humain ; ainsi, semble-t-il, on peut employer la même méthode avec toutes les sortes de baumes et de résines, comme la manière la plus directe, la plus facile et la plus inoffensive, aussi bien que la plus efficace dans de nombreux cas, d'obtenir et de communiquer leurs vertus.

114. Après en avoir tant dit sur les emplois du goudron, je dois encore ajouter que le fait de les frotter avec cela est un excellent antiseptique des dents et des gencives, qu'il purifie l'haleine et qu'il éclaircit et fortifie la voix. Et, comme ses effets sont variés et utiles, il n'y a rien à craindre de l'opération d'un altératif si doux et favorable à la nature. Certains anciens philosophes avaient pour sage maxime de ne pas irriter les maladies par recours aux remèdes. Mais aucun remède ne dérange moins l'économie animale que celui-ci (Sect. 133), qui, si j'en puis croire

38. Médecin (1649-1734). Cf. *Medicina gerocomica*, 2e éd., 1725.

ma propre expérience, ne produit jamais aucun désordre chez un malade quand il est pris correctement.

115. J'ai, certes, connu une personne qui prit un grand verre d'eau de goudron juste avant le petit déjeuner, qui lui donna une nausée et un écœurement insurmontables, bien qu'elle en eût reçu auparavant le plus grand bienfait. Mais si on prend l'eau de goudron, et si on la prépare selon la manière prescrite au début du présent essai, elle aura, si je ne me trompe, assez de sel pour être utile, et assez peu d'huile pour être inoffensive. Je veux dire ma propre manière de la préparer, et non celle des Américains, qui la rend tantôt trop forte et tantôt trop faible ; bien que cette dernière puisse être utilisée comme on le fait là-bas, simplement comme une préparation contre la petite vérole, je doute toutefois qu'elle puisse être employée convenablement dans tous les divers cas où j'ai trouvé que l'eau de goudron réussit si bien. Les personnes particulièrement délicates peuvent la rendre agréable au palais en y mêlant une goutte d'huile chimique de muscade, ou une cuillerée de vin de montagne, dans chaque verre. Il peut être utile d'observer que j'ai connu certaines personnes dont l'estomac délicat ne pouvait la supporter le matin, qui en prenaient le soir en allant se coucher sans aucune gêne ; et que, chez certains, elle réussit mieux chaude, chez d'autres froide. On peut la préparer plus forte pour les animaux, par exemple pour les chevaux, dans les maladies desquels je l'ai trouvée très utile, davantage, me semble-t-il, que cette substance bitumeuse, appelée goudron de Barbade.

116. Dans des cas très dangereux et très aigus, on peut en prendre beaucoup et souvent, autant que l'estomac peut supporter. Mais dans les cas chroniques, une demi-pinte environ le matin et le soir peut suffire, ou, au cas où une si forte dose se révélerait désagréable, la moitié de la quantité peut être prise en quatre fois, à savoir le matin, le soir en allant se coucher, et deux heures environ après le déjeuner et le petit déjeuner. Un remède de si grande vertu dans tant de maladies différentes et en particulier contre ce grand ennemi, la fièvre, doit être un bienfait pour l'humanité en général. Il y a néanmoins trois sortes de personnes à qui je la recommanderais particulièrement : les gens de mer, les dames, et les hommes qui mènent une vie studieuse et sédentaire.

117. Pour les marins et tous les gens de mer, qui sont sujets aux désordres scorbutiques et aux fièvres putrides, spécialement

durant les longs voyages dans les mers du Sud, je me suis persuadé que cette eau de goudron serait très bienfaisante. Et cela peut mériter particulière attention dans le courant actuel d'expéditions maritimes, durant lesquelles tant de nos compatriotes ont péri par l'effet de telles maladies, contractées en mer et sous des climats étrangers. Il est probable que cela aurait pu être empêché par l'emploi abondant d'eau de goudron.

118. Cette même eau donnera aussi un soulagement charitable aux dames (Sect. 103), qui en ont souvent plus besoin que les pauvres de la paroisse ; beaucoup d'entre elles n'étant jamais capables de faire un bon repas, et demeurant assises, pâles, chétives, et sinistres comme des fantômes, à leur propre table, victimes de vapeurs et d'indigestion.

119. Les personnes studieuses, renfermées en des trous étroits, respirant un air vicié, et penchées sur leurs livres, sont aussi bien à plaindre. Comme elles sont privées du libre usage de l'air et d'exercice, j'oserai leur recommander cela comme le meilleur succédané de l'un et de l'autre. Bien qu'on puisse souhaiter que les gens d'étude modernes, à l'imitation des anciens, méditent et conversent davantage durant des promenades et dans des jardins et au grand air, ce qui, dans l'ensemble, ne ferait sans doute nul tort à leur science, et serait d'un grand avantage pour leur santé. Le cours sédentaire de ma propre vie m'a depuis longtemps conféré un mauvais tempérament, accompagné de nombreux maux, en particulier d'une colique nerveuse, qui a fait de ma vie un fardeau, et cela d'autant plus que mes souffrances étaient exaspérées par l'exercice. Mais depuis que j'emploie l'eau de goudron, je trouve, non pas sans doute que je suis parfaitement remis de ma vieille maladie enracinée en moi, mais un tel retour graduel à la santé et au bien-être, que j'estime le fait d'avoir pris ce remède la plus grande de toutes les bénédictions temporelles, et que je suis convaincu que, sous la Providence, je lui dois la vie.

120. Lors de la distillation de la térébenthine et des autres baumes à une douce chaleur, on a observé que s'élève d'abord un esprit acide (Sect. 7), qui se mêlera à l'eau ; cet esprit, sauf si le feu est très doux, est perdu. Cet esprit acide bienfaisant qui se dégage le premier est, comme un savant chimiste et médecin nous en informe, hautement rafraîchissant, diurétique, sudorifique, balsamique, ou antiseptique contre la putréfaction, excellent dans les cas néphrétiques, et pour apaiser la soif : toutes ces vertus sont contenues dans l'infusion froide, qui

extrait seulement du goudron sa fine fleur ou quintessence, si je puis m'exprimer ainsi, ou l'esprit végétal naturel, joint à un peu d'huile volatile.

121. Le principe distinctif de tous les végétaux, dont dépendent leur odeur, leur goût particulier, et leurs propriétés spécifiques, semble être un esprit extrêmement fin et subtil, dont le véhicule immédiat est une huile volatile extrêmement fine, qui est elle-même contenue dans une résine ou baume plus grossier et plus visqueux, logé dans des cellules appropriées de l'écorce et des graines, et qui est le plus abondant en automne et en hiver, après que les jus grossiers ont été complètement composés, mûris et imprégnés de lumière solaire. Certains supposent que l'esprit lui-même est une huile hautement raffinée, en sorte qu'elle puisse se mêler à l'eau. Mais cette huile volatile n'est pas l'esprit, mais seulement son véhicule, puisque les huiles aromatiques qui sont longtemps exposées à l'air perdent leur odeur et leur goût spécifiques, qui s'envolent avec l'esprit ou sel végétal, sans aucune diminution sensible de l'huile.

122. On peut à bon droit supposer que ces sels volatils qui sont libérés et élevés par une douce chaleur sont essentiels (Sect. 8), et qu'ils ont préexisté dans le végétal ; tandis que les sels fixes lixiviels, obtenus par incinération du sujet, dont les parties constituantes naturelles ont été modifiées ou détruites par la force extrême du feu, sont supposés par des chimistes récents, pour de très bonnes raisons, ne pas avoir préexisté dans le sujet : tous ces sels semblent, d'après les expériences de Signor Redi, ne pas préserver les vertus des sujets végétaux respectifs, et être semblablement purgatifs et à un degré égal, quelle que puisse être la forme de leurs pointes, aiguë ou obtuse. Mais, bien que les sels fixes ou lixiviels puissent ne pas contenir les propriétés originelles du sujet, cependant, les sels volatils, qui s'élèvent des végétaux sous l'effet d'une légère chaleur, ont la possibilité de préserver leurs vertus natives : et ces sels sont facilement imbibés d'eau.

123. On peut supposer que les plus volatils des sels et la partie la plus atténuée de l'huile sont les premiers et les plus disposés à imprégner une infusion froide (Sect. 1, 7). Et cela nous aidera à rendre compte des vertus de l'eau de goudron. Cet acide volatil dans les végétaux, qui résiste à la putréfaction, et qui est leur grand antiseptique, est retenu dans une huile subtile soluble dans l'eau, laquelle huile est elle-même emprisonnée dans la résine ou partie plus grossière du goudron, de

laquelle elle est facilement libérée et obtenue pure par l'eau froide.

124. On observe que les acides naturels doux opèrent plus favorablement et plus complètement pour dissoudre les corps métalliques, que les esprits acides les plus forts, produits par un feu violent ; et on peut imaginer qu'ils ont le même avantage en tant que remède. Et comme nul acide, d'après les observations de certains des meilleurs chimistes, ne peut être tiré de la substance des animaux lorsqu'il est complètement assimilé, il s'ensuivrait que les acides reçus dans un corps sain doivent être tout à fait atténués et modifiés par les puissances vitales : mais il est plus facile d'atténuer et d'assimiler les acides plus doux que les acides plus forts (Sect. 48).

125. Je suis très conscient du fait qu'en de telles matières, les raisonnements manquent de preuves, et que les miens restent au-dessous de ce qu'ils auraient pu être si je jouissais d'une meilleure santé, ou d'occasions de relations érudites, dont je suis coupé dans ce coin éloigné où je vis. Je continuerai néanmoins comme j'ai commencé, et je poursuivrai en faisant appel à la raison, à la conjecture et à l'autorité, à jeter la meilleure lumière que je pourrai sur les obscurs sentiers qui croisent mon chemin.

126. Sir Isaac Newton, Boerhaave et Homberg sont tous d'accord pour reconnaître que l'acide est une fine substance subtile, qui s'infiltre dans le globe tout entier des terres et des mers ; il produit diverses sortes de corps, selon qu'il s'unit à différents sujets. Cela, suivant Homberg, est le sel pur, le sel principe[39], semblable et uniforme en lui-même, mais jamais trouvé seul. Et bien que ce principe soit appelé le sel de la terre, il semblerait cependant qu'on puisse l'appeler à meilleur titre le sel de l'air, puisque la terre retournée et qui est en jachère, le reçoit de l'air. Et il semblerait que ce soit là le grand principe de la végétation, dérivé dans le sol de toutes sortes d'engrais aussi bien que de l'air. On reconnaît que cet acide est la cause de la fermentation dans toutes les liqueurs fermentées. Pourquoi donc ne peut-on supposer qu'il fermente la terre, et qu'il constitue ce fin principe de pénétration qui

39. C'est-à-dire le sel en tant que l'un des trois éléments retenus par les alchimistes (les deux autres étant le mercure et le soufre). Le terme ne désigne pas directement la substance, mais les principes de solidité, de combustion et de propriétés métalliques.

introduit et qui assimile la nourriture des plantes, et qui est si fugitif qu'il échappe à toutes les filtrations et à toutes les recherches des observateurs les plus méticuleux ?

127. C'est la doctrine de Sir Isaac Newton et de M. Homberg que, comme l'acide aqueux est ce qui rend le sel soluble dans l'eau, ainsi, c'est ce même acide qui, joint à la partie terrestre, en fait un sel. Considérons donc que les organes des plantes sont des tubes (Sect. 30, 31, 35), dont le remplissage, le déploiement et le gonflement par les liqueurs constitue ce qu'on appelle la végétation ou croissance de la plante. Mais la terre elle-même n'est pas soluble dans l'eau, de manière à former avec elle un seul fluide végétal. Les particules de terre doivent donc être jointes à un acide aqueux ; c'est-à-dire qu'elles doivent devenir des sels, afin de se dissoudre dans l'eau, en sorte que, sous la forme de jus végétal, elles puissent passer par les filtres et les tubes de racine dans le corps de la plante, gonflant et déployant ses parties et ses organes, c'est-à-dire accroissant son volume. La matière végétale de la terre est donc en réalité de la terre changée en sel. Et rendre la terre fertile, c'est faire assumer à beaucoup de ses particules une forme saline.

128. Par suite, on observe qu'il y a plus de sels dans la racine que dans l'écorce, plus de sels dans les végétaux durant le printemps qu'en automne ou en hiver, les jus salins bruts étant, durant les mois d'été, en partie évaporés et en partie mûris par l'action et le mélange de lumière. Par suite, il apparaît aussi pourquoi le fait de diviser la terre, de manière à élargir sa surface, en sorte qu'elle puisse admettre plus d'acide à partir de l'air, est d'une telle utilité pour promouvoir la végétation ; et pourquoi les cendres, la chaux et l'argile brûlée se révèlent des engrais si avantageux — le feu étant en réalité l'acide, comme on le prouvera par la suite (Sect. 202). Les marnes et les coquillages sont aussi utiles, dans la mesure où ces corps alcalins attirent l'acide, et amènent une effervescence, qui favorise la fermentation dans la glèbe. Les excréments des animaux et les végétaux putrides contribuent de même à la végétation, en accroissant les sels de la terre. Et là où les jachères sont bien labourées, et demeurent longtemps afin de recevoir l'acide de l'air dans toutes leurs parties, cela seul suffira à changer en sels beaucoup de particules de terre et par suite à les rendre solubles dans l'eau, et donc un aliment approprié pour les végétaux.

129. L'acide, dit Homberg, est toujours joint à du soufre,

qui le rend de telle ou telle espèce, produisant différents sels, comme il en va du soufre végétal, bitumineux ou métallique. On suppose que même les sels alcalins, qu'ils soient volatils ou lixiviels, ne sont rien d'autre que ce même acide strictement retenu par l'huile et la terre, en dépit de l'extrême force du feu, qui se loge en eux sans être capable de déloger certains restes de l'acide.

130. « Les sels », selon Sir Isaac Newton, « sont de la terre sèche et de l'acide aqueux unis par attraction »[40], l'acide les rendant solubles dans l'eau (Sect. 127). Il suppose que l'acide aqueux coule autour de la partie terrestre, comme l'océan le fait autour de la terre, étant attiré par elle ; et il compare chaque particule de sel à un chaos, dont la partie intérieure est dure et terreuse, mais la surface douce et aqueuse. Tout ce qui attire et est attiré le plus fortement est un acide au sens de Newton.

131. Il semble impossible de déterminer les figures des sels particuliers. Tous les solvants acides, et les corps dissous, sont aptes à se former en certaines figures, et on a supposé que les figures selon lesquelles les sels fossiles se cristallisent en sont les formes naturelles propres et celles de leurs acides. Mais Homberg a clairement démontré le contraire, vu que le même acide qui dissout différents corps, assume des formes différentes. Par exemple, l'esprit de nitre, ayant dissous le cuivre, forme des cristaux hexagonaux ; le même, ayant dissous du fer, forme des carrés irréguliers ; et encore, ayant dissous de l'argent, forme de minces cristaux de figure triangulaire.

132. Homberg, néanmoins, soutient en général que les acides ont la forme de poignards, et les alcalis de fourreaux, et que, se mouvant dans la même liqueur, les poignards se jettent dans les fourreaux adaptés à les recevoir avec une telle violence qu'ils soulèvent cette effervescence observée dans le mélange des acides et des alcalis. Mais il semble très difficile de concevoir comment et pourquoi la simple configuration des poignards et des fourreaux flottant dans la même liqueur soit cause que les premiers se précipitent avec une telle véhémence, et dirigent leurs pointes de façon si appropriée à l'intérieur des derniers, pas plus qu'un paquet de faussets et clefs de cannelles flottant ensemble dans la même eau ne se précipitent l'une dans l'autre.

133. Il semblerait plutôt que l'attraction véhémente que Sir Isaac Newton attribue à tous les acides, en vertu de laquelle

40. *Optics*, III, 1re partie, q. 31.

il suppose qu'ils se précipitent en avant, pénètrent, secouent et divisent les corps les plus solides, et qu'ils font fermenter le liquide des végétaux, pourrait mieux rendre compte de ce phénomène. C'est dans cette attraction que Sir Isaac place toute leur activité : et, certes, il semblerait que les figures des sels ne fussent pas d'une efficacité telle dans la production de leurs effets que les fortes puissances d'attraction par lesquelles ils sont agités et agitent d'autres corps ; surtout s'il est vrai (comme on l'a remarqué précédemment) que les sels lixiviels sont également purgatifs, quelle que soit la forme de leurs angles, qu'ils soient plus ou moins aigus ou obtus.

134. Sir Isaac Newton explique le fait que l'acide aqueux rende les corpuscules terreux solubles dans l'eau en supposant que l'acide est un moyen terme entre la terre et l'eau, que ses particules sont plus grandes que celles de l'eau et moindres que celles de la terre, et qu'il attire fortement les unes et les autres. Mais, peut-être, n'y a-t-il aucune raison nécessaire de supposer que les parties de l'acide sont plus grosses que les parties de l'eau pour produire cet effet : est-ce qu'on ne peut en rendre compte tout aussi bien en leur donnant seulement une forte attraction ou cohésion avec les corps auxquels elles sont jointes ?

135. L'esprit acide ou sel, ce puissant instrument dans les mains de la nature, qui réside dans l'air, et qui est diffus à travers cet élément tout entier, est discernable aussi dans maintes parties de la terre, particulièrement dans les fossiles, tels que le soufre, le vitriol et l'alun. On a déjà observé, à la suite de Homberg, que cet acide ne se trouve jamais pur, mais qu'il est toujours joint au soufre, et qu'on le classe d'après la différence de ses soufres, selon qu'ils sont minéraux, végétaux ou animaux.

136. On suppose communément que les sels sont les plus actifs des principes chimiques. Mais Homberg fait dériver toute leur activité des soufres qui leur sont joints. D'eux aussi, comme on l'a noté, il fait dériver toutes leurs espèces et toutes leurs différences (Sect. 129). Le sel, l'eau, l'huile et la terre semblent être originellement les mêmes dans tous les végétaux. Toute la différence, selon les chimistes, vient d'un esprit qui réside dans l'huile, et qu'on appelle le *rector* ou *archaeus*[41]. Les chimistes l'appellent encore *ens primum*, ou l'esprit natif ; d'où dépendent

41. Cf. Boerhaave, *Elementa chemiae*, 1732, pp. 63, 75, 756.

et dans lequel sont contenues la saveur et l'odeur particulières, les qualités et vertus spécifiques de la plante.

137. Ces esprits natifs ou âmes végétales sont tous aspirés ou exhalés dans l'air, qui semble être le réceptacle aussi bien que la source de toutes les formes sublunaires, la grande masse ou chaos qui les communique et les reçoit. L'air ou atmosphère qui entoure notre terre contient un mélange de toutes les parties volatiles actives du monde habitable tout entier, c'est-à-dire de tous les végétaux, minéraux et animaux. Tout ce qui transpire, se corrompt ou exhale, imprègne l'air, qui, étant mû par le feu solaire, produit à l'intérieur de lui-même toutes sortes d'opérations chimiques, redistribuant en de nouvelles générations ces sels et ces esprits qu'il a reçus des putréfactions.

138. Les oscillations perpétuelles de cet élément élastique et sans repos opèrent constamment sur toutes les choses qui ont la vie, qu'elles soient animales ou végétales, gardant leurs fibres, leurs vaisseaux et leurs fluides dans un mouvement qui ne cesse de changer, tandis que la chaleur, le froid, l'humidité, la sécheresse et d'autres causes altèrent l'élasticité de l'air : ce qui explique, il faut le reconnaître, bien des effets. Mais il y en a beaucoup d'autres qui doivent être dérivés d'autres principes ou d'autres qualités dans l'air. Ainsi le fer et le soufre sont corrodés et se rouillent à l'air, et des corps de toutes sortes sont dissous ou corrompus, ce qui montre qu'un acide abonde et se diffuse dans l'air tout entier.

139. Par ce même air, le feu s'allume, la lampe de la vie est préservée, la respiration, la digestion, la nutrition, le pouls du cœur, et le mouvement de tous les muscles semblent être accomplis. L'air est donc un agent général, qui exerce non seulement ses propres qualités ou puissances, mais qui fait naître celles de tous les autres corps, par division, comminution et agitation de leurs particules, les faisant s'envoler et devenir volatiles et actives.

140. Rien ne fermente, rien ne végète ni ne se putréfie sans l'air, qui opère avec toutes les vertus des corps qui y sont renfermés, c'est-à-dire de toute la nature, en sorte qu'il n'y a aucune drogue, salutaire ou toxique, dont les vertus ne soient pas aspirées dans l'air. L'air est donc une masse active d'innombrables principes différents, la source générale de la corruption et de la génération ; d'une part, divisant, usant et entraînant les particules des corps, c'est-à-dire les corrompant

ou les dissolvant ; de l'autre, en amenant de nouveaux à l'être ; détruisant et octroyant des formes sans interruption.

141. Les semences des choses semblent se trouver cachées dans l'air, prêtes à apparaître et à produire leur espèce chaque fois qu'elles tombent dans une matrice convenable. Les graines extrêmement petites des fougères, des mousses, des champignons et d'autres plantes sont cachées et transportées dans l'air, dont chaque partie semble remplie de semences d'une sorte ou d'une autre. L'atmosphère tout entière semble vivante. Il y a partout des acides qui corrodent, et des semences qui engendrent. Le fer se rouillera, et la moisissure se développera en tous endroits. La terre vierge devient fertile, des récoltes de plantes nouvelles se montrent de temps à autre ; tout cela démontre que l'air est un séminaire et un réceptacle communs à tous les principes vivifiants.

142. On peut dire aussi que l'air est le séminaire des minéraux et des métaux, comme il l'est des végétaux. Mr. Boyle nous informe que les minerais épuisés d'étain et de fer, si on les expose à l'air, s'imprègnent à nouveau de métal, et que le minerai d'alun qui a perdu son sel le recouvre de la même manière. Et il y a des exemples sans nombre de sels produits par l'air, cette vaste collection ou trésor de principes actifs, duquel tous les corps sublunaires semblent dériver leurs formes, et dont tous les animaux dépendent pour vivre et respirer.

143. Qu'il y ait un esprit caché et vivifiant dispersé à travers l'air, l'expérience commune le montre ; attendu qu'il est nécessaire à la fois aux végétaux et aux animaux (Sect. 138, 139), qu'ils soient terrestres ou aquatiques, ni les bêtes, ni les insectes, ni les oiseaux, ni les poissons n'étant capables de subsister sans air. Et tout air ne suffit pas, car il y a une qualité ou ingrédient qui rend l'air impropre à maintenir la vie ou la flamme, quand il en est privé. Et cela même quand l'air garde son élasticité ; ce qui, soit dit en passant, est un argument tendant à prouver que l'air n'agit pas seulement comme antagoniste des muscles intercostaux. Il a tout à la fois cette utilité et bien d'autres. Il donne et préserve le tonus convenable des vaisseaux : ce fluide élastique favorise toutes les sécrétions : ses oscillations gardent toutes les parties en mouvement : il envahit et actue le système animal tout entier, produisant une grande variété d'effets, et même opposés en différentes parties, rafraîchissant et réchauffant en même temps, distendant et contractant, coagulant et dissolvant, donnant et prenant, soutenant la

vie et l'affaiblissant, pressant de l'extérieur et se détendant de l'intérieur, usant certaines parties, en même temps en insinuant et en fournissant d'autres, produisant diverses vibrations dans les fibres et fermentant dans les fluides : tout cela doit, de toute nécessité, résulter d'un fluide aussi subtil, actif, hétérogène et élastique.

144. Mais il y a, comme nous l'avons observé, une qualité ou ingrédient dans l'air, duquel dépend plus immédiatement et plus principalement la vie. Ce que c'est, bien que les hommes ne soient pas d'accord, pourtant on s'accorde à reconnaître que ce doit être la même chose que celle qui soutient la flamme vitale et la flamme commune ; car on trouve que quand l'air, parce qu'on y a souvent respiré, est devenu impropre à l'une, il ne servira plus à l'autre. On peut observer des phénomènes analogues dans des humidités ou vapeurs empoisonnées, dans lesquelles on ne peut allumer de flamme, comme il est évident dans la Grotte du Chien, près de Naples. Et ici il vient à l'esprit de recommander de plonger dans l'eau froide, par manière d'expérience à tenter, les personnes affectées du fait qu'elles ont respiré une vapeur empoisonnée sous de vieilles voûtes, dans des mines, dans des trous profonds, ou dans des cavités sous le sol ; j'incline à penser que cela pourrait sauver la vie de bien des gens, d'après ce que j'ai vu pratiqué sur un chien convulsé, et mort selon toute apparence, mais qui reprit immédiatement ses sens lorsqu'on le sortit de la grotte que je viens de mentionner, et qu'on le jeta dans un lac adjacent.

145. L'air, solvant et séminaire général, semble être seulement un agrégat des parties volatiles de tous les êtres naturels, qui, différemment combinées et agitées, produisent bien des effets divers. De petites particules rapprochées et compactes agissent fortement les unes sur les autres, attirant, repoussant, vibrant. De là, les diverses fermentations, et toute la variété des météores, des tempêtes et des ébranlements de la terre et du ciel. Et le microcosme n'en est pas moins affecté. Lorsqu'il est renfermé dans les viscères, les vaisseaux et les membranes du corps, par ses sels, ses soufres et son pouvoir élastique, il engendre des coliques, des spasmes, des désordres hystériques et d'autres maladies.

146. On considère que la qualité spécifique de l'air est son élasticité permanente. Mr. Boyle est expressément de cette opinion. Et pourtant on peut douter qu'il y ait véritablement un air élastique de façon permanente, car il y a beaucoup de

choses qui semblent dépouiller l'air de cette qualité, ou du moins atténuer et suspendre son exercice. Les sels et les soufres, par exemple, qui flottent dans l'air, réduisent de beaucoup son élasticité par leur attraction.

147. Dans l'ensemble, il est manifeste que l'air n'est pas un élément distinct, mais une masse ou mélange de choses les plus hétérogènes et mêmes opposées les unes aux autres (Sect. 137, 145), qui deviennent de l'air en acquérant une élasticité et une volatilité par l'attraction d'une substance subtile active — qu'on l'appelle feu, éther, lumière ou esprit vital du monde ; de manière analogue aux particules d'antimoine, non volatiles par elles-mêmes, mais qui sont entraînées dans la sublimation et qui sont rendues volatiles en s'attachant à des particules de sel ammoniaque. Mais l'action et la réaction étant égales, le ressort de cet esprit éthéré diminue en se communiquant. Sa vélocité et sa subtilité sont également moindres quand il est mêlé à des particules plus grosses. De là vient que le son se meut plus lentement que la lumière, tout comme la boue se meut plus lentement que l'eau.

148. Que l'air soit seulement libéré et fixé, ou engendré et détruit, il est certain que l'air commence et cesse de s'exercer et de se montrer. Bien des choses semblent être engendrées par expérience, non seulement à partir des animaux, des fruits et des végétaux, mais aussi à partir des corps durs. Et Sir Isaac Newton observe que l'air produit à partir des corps durs est le plus élastique. On a soutenu anciennement que les éléments se transmuent les uns dans les autres. Dans Plutarque, nous trouvons que c'était l'opinion d'Héraclite, que la mort du feu est la naissance de l'air, et la mort de l'air la naissance de l'eau. Sir Isaac Newton soutient aussi cette opinion [42]. On peut toutefois se demander si ce qu'on tient pour un changement n'est pas seulement un déguisement.

149. Le feu semble le plus élastique et le plus expansif de tous les corps. Il communique cette qualité aux vapeurs humides et aux exhalaisons sèches, quand il chauffe et agite leurs parties, adhérant étroitement à elles, surmontant leur attraction mutuelle préalable, et les faisant à l'inverse se repousser réciproquement les unes les autres et s'écarter, avec une force proportionnelle à celle en vertu de laquelle elles avaient adhéré.

42. *Optics,* III, 1re partie, q. 31.

150. Nous pouvons donc concevoir deux parties dans l'air : l'une, plus grossière, qui a été élevée et entraînée à partir des corps de cette masse de terre et d'eau ; l'autre, un fin esprit subtil, par le moyen duquel la précédente est rendue volatile et élastique. Elles composent ensemble un milieu dont l'élasticité est moindre que celle du pur éther, feu ou esprit, à proportion de la quantité de sels, de vapeurs et de particules hétérogènes qui y sont contenus. Il s'ensuit qu'il n'existe pas d'élément pur et simple, appelé air. Il s'ensuit également que, sur les plus hautes montagnes, l'air devrait être plus rare que selon la règle vulgaire qui veut que les espaces soient réciproquement comme les pressions ; et, de fait, on dit que cela a été démontré par ces messieurs de l'Académie Française des Sciences.

151. L'éther, feu ou esprit, étant attiré et entravé par des particules hétérogènes, devient moins actif ; et les particules adhérant à celles de l'éther deviennent plus actives qu'auparavant. L'air est donc une masse de particules variées, usées par abrasion et sublimées à partir des corps humides et secs de toutes sortes, adhérant à des particules d'éther ; le tout est pénétré par le pur éther, ou lumière, ou feu — car les philosophes anciens se servent confusément de ces termes.

152. Cet éther ou pur feu invisible, le plus subtil et le plus élastique de tous les corps, semble s'infiltrer et se répandre dans l'univers tout entier. Si l'air est l'agent ou instrument immédiat dans les choses naturelles, c'est le pur feu invisible qui est le premier moteur ou ressort naturel duquel l'air dérive sa puissance (Sect. 139, 149, 151). Ce puissant agent est partout disponible, prêt à entrer en action, s'il n'est pas retenu et gouverné avec la plus grande sagesse. Etant toujours agité et en mouvement, il actue et vivifie la masse visible tout entière, il est également apte à produire et à détruire, il distingue les divers stages de la nature, il maintient un cercle perpétuel de générations et de corruptions, étant prégnant de formes qu'il émet et résorbe constamment. Si rapide dans ses mouvements, si subtil et si pénétrant dans sa nature, si étendu dans ses effets, il semble être l'âme végétative ou esprit vital du monde.

153. L'esprit animal dans l'homme est la cause instrumentale ou physique [43] à la fois des sens et du mouvement. Supposer

43. Il faut soigneusement distinguer cette cause instrumentale ou physique de la cause originelle ou active, qui, pour Berkeley, est l'esprit. Cf. Sect. 154, 237, 247 et suivantes ; *Principles*, Sect. 25-33. Même les corps en mouvement ne sont pas actifs, mais sont mus (Sect. 161 ; *De Motu*, Sect. 20, 70 et suiv.).

des sens dans le monde serait grossier et injustifié. Mais les facultés locomotives sont évidentes dans toutes ses parties. Les Pythagoriciens, les Platoniciens et les Stoïciens ont soutenu que le monde est un animal ; bien que certains d'entre eux aient choisi de le considérer comme un végétal. Toutefois, les phénomènes et les effets montrent à l'évidence qu'il y a un esprit qui meut, et un Esprit ou Providence qui préside. Cette Providence, dit Plutarque, était considérée être par rapport au monde ce que l'âme est par rapport à l'homme.

154. L'ordre et le cours des choses, et les expériences que nous faisons journellement montrent qu'il y a un Esprit qui gouverne et actue ce système mondain, comme l'agent et la cause réels propres ; et que la cause instrumentale inférieure est le pur éther, feu ou substance de la lumière (Sect. 29, 37, 136, 149), qui est appliqué et déterminé par un Esprit Infini dans le macrocosme ou univers, avec une puissance illimitée et selon des règles établies ; comme cela l'est dans le microcosme avec une puissance et une habileté limitées par l'esprit humain. Nous n'avons aucune preuve, tirée soit de l'expérience, soit de la raison, d'un agent ou cause efficiente autre que l'esprit. Quand, donc, nous parlons d'agents corporels ou de causes corporelles, cela doit être compris en un sens différent, subordonné et impropre.

155. Les principes dont une chose est composée, l'instrument employé dans sa production, et la fin à laquelle elle était destinée, sont tous appelés causes dans l'usage vulgaire, bien qu'aucun d'entre eux ne soit, à parler strictement, agent ou efficient. Il n'y a aucune preuve qu'une cause corporelle ou mécanique étendue agisse réellement et au sens propre, le mouvement lui-même n'étant à la vérité qu'une passion. Par suite, bien que nous disions que cette substance du feu agisse, cela ne doit être compris qu'au sens de moyen ou d'instrument, ce qui, certes, est le cas de toutes les causes mécaniques quelles qu'elles soient. On les nomme parfois, néanmoins, agents et causes, bien qu'elles ne soient en aucune façon actives au sens strict et propre. Quand, donc, on mentionne la force, la puissance, la vertu ou l'action comme subsistant dans un être étendu et corporel ou mécanique, on ne doit pas prendre cela dans un sens vrai, véritable et réel, mais seulement en un sens grossier et populaire, qui s'attache aux apparences, et qui n'analyse pas les choses en remontant jusqu'à leurs premiers principes. En conformité au langage établi et à l'usage du monde, nous devons employer l'expression populaire courante.

Mais alors, par rapport à la vérité, nous devons distinguer son sens. Il peut suffire d'avoir fait cette déclaration une fois pour toutes, afin d'éviter des erreurs.

156. Le *calidum innatum,* la flamme vitale ou esprit animal dans l'homme, est tenu pour la cause de tous les mouvements dans les diverses parties de son corps, qu'ils soient volontaires ou naturels. C'est-à-dire que c'est l'instrument par le moyen duquel l'esprit s'exerce et se manifeste dans les mouvements du corps. Dans le même sens, ne peut-on dire que le feu a la force d'opérer et d'agiter le système du monde tout entier, qui est maintenu ensemble et informé par un seul esprit qui y préside, et qui est animé tout entier par une seule et même substance de feu, comme un agent instrumental et mécanique, mais non comme une cause efficiente réelle première ?

157. Ce pur esprit ou feu invisible est toujours prêt à s'exercer et à se montrer dans ses effets (Sect. 152), nourrissant, chauffant, fermentant, dissolvant, illuminant, et opérant de diverses façons, là où un sujet offre d'employer ou de déterminer sa force. Il est présent dans toutes les parties de la terre et du ciel, bien que, peut-être, caché et non remarqué, jusqu'à ce qu'un accident le fasse passer à l'acte, et le rende visible dans ses effets.

158. Il n'y a aucun effet dans la nature grand, merveilleux ou terrible qui ne procède du feu, ce principe diffus et actif, qui, en même temps qu'il ébranle la terre et les cieux, pénétrera, divisera et dissoudra les corps les plus petits, les plus renfermés, et les plus compacts. Dans des cavités éloignées de la terre, il demeure tranquille, jusqu'à ce que, par exemple, une étincelle accidentelle, produite par la collision de deux pierres, enflamme une exhalaison, qui donne naissance à un tremblement de terre ou à une tempête, qui fend les montagnes ou détruit les cités. Ce même feu se tient invisible au foyer d'une lentille, jusqu'à ce que des sujets sur lesquels il puisse agir se présentent à lui, et alors on voit qu'il fait fondre, calcine ou vitrifie les corps les plus durs.

159. Nul n'a jamais pu discerner jusqu'ici, et nul sens percevoir l'esprit animal dans un corps humain, sinon par ses effets. On peut en dire de même du feu pur ou esprit de l'univers, qu'on perçoit seulement par le moyen d'autres corps, sur lesquels il opère, ou auxquels il est joint. Ce que les chimistes disent des acides purs, à savoir qu'on ne les trouve jamais seuls, pourrait être dit tout aussi bien du feu pur.

160. L'esprit de l'homme agit nécessairement par le moyen d'un instrument. Le τὸ ἡγεμονικόν, ou Esprit qui préside dans le monde, agit librement par le moyen d'un instrument. Sans causes instrumentales et secondes, il ne pourrait y avoir aucun cours régulier de la nature[44]. Et sans un cours régulier, on ne pourrait jamais comprendre la nature ; l'humanité serait toujours désorientée, ne sachant quoi attendre, ni comment se gouverner, ni comment diriger ses actions pour atteindre une fin. Par suite, dans le gouvernement du monde, les agents physiques, qu'on appelle ainsi en un sens impropre, ou causes mécaniques ou secondes, ou causes naturelles, ou instruments, sont nécessaires pour assister, non pas Celui qui gouverne, mais ceux qui sont gouvernés.

161. Dans le corps humain, l'esprit commande aux membres et les meut : mais on suppose que l'esprit animal est la cause physique immédiate de leur mouvement. Ainsi, de façon analogue, un esprit préside dans le système du monde : mais la cause immédiate, mécanique ou instrumentale, qui meut ou anime toutes ses parties, est le feu pur élémentaire ou esprit du monde. La partie la plus fine et la plus subtile ou esprit est censée recevoir les impressions du Premier Moteur, et les communiquer aux parties sensibles plus grossières de ce monde. Le mouvement, bien qu'il soit en toute rigueur métaphysique et en vérité une passion ou simple effet, passe pourtant en physique pour une action. Et par cette action, tous les effets sont censés être produits. Par suite, les diverses communications, déterminations, accélérations du mouvement constituent les lois de la nature.

162. Le pur éther ou feu invisible contient des parties de différentes sortes, qui sont pénétrées par différentes forces, ou soumises à différentes lois de mouvement, d'attraction, de répulsion et d'expansion, et qui sont douées de diverses habitudes distinctes à l'égard d'autres corps. Celles-ci semblent constituer les qualités (Sect. 37, 40, 44), vertus, saveurs, odeurs et couleurs nombreuses et variées qui distinguent les productions naturelles. Les différents modes de cohésion, d'attraction, de répulsion et de mouvement paraissent être la source d'où découlent les propriétés spécifiques, plutôt que les différentes formes ou figures. Cela, comme on l'a déjà observé, semble confirmé par l'expérience des sels fixes qui

44. Cf. *Principles*, Sect. 30 et sv., 62.

opèrent d'une seule manière, nonobstant la différence de leurs angles. Les particules originelles, qui produisent les odeurs, les saveurs et autres propriétés, ainsi que les couleurs [45], sont toutes, peut-on supposer, contenues et mêlées ensemble dans ce séminaire universel et originel du feu pur élémentaire ; à partir de celui-ci, elles sont diversement séparées et attirées par différents sujets des règnes animal, végétal et minéral, qui, par là, se voient classés en espèces, et dotés de ces propriétés distinctes qui continuent comme telles jusqu'à ce que leurs diverses formes ou proportions spécifiques de feu retournent à la masse commune.

163. De même que l'âme agit immédiatement sur le feu pur, ainsi le feu pur opère immédiatement sur l'air ; c'est-à-dire que les abrasions de toutes les choses terrestres étant rendues volatiles et élastiques par l'action du feu (Sect. 149, 150, 152), et diminuant en même temps la volatilité et la force expansive du feu, dont elles attirent les particules et auxquelles elles adhèrent (Sect. 147), il y a production d'un nouveau fluide, plus volatil que l'eau ou la terre, et plus fixe que le feu. Par suite, les vertus et les opérations imputées à l'air doivent être finalement attribuées au feu, comme à ce qui confère l'activité à l'air lui-même.

164. L'élément de feu éthéré ou lumière semble comprendre, à l'état de mélange, les semences, les causes naturelles et les formes (Sect. 43) de toutes les choses sublunaires. Les corps plus gros séparent, attirent et repoussent les diverses particules constituantes de cet élément hétérogène ; celles-ci, étant séparées de la masse commune, composent des essences distinctes, en produisant et en combinant ensemble les qualités et les propriétés qui sont particulières aux divers sujets, et, par suite, elles sont souvent extraites dans les huiles essentielles ou eaux odoriférantes, d'où elles s'exhalent au grand air pour retourner dans leur élément d'origine.

165. Sir Isaac Newton a découvert que le bleu, le rouge, le jaune et d'autres couleurs dépendent de la séparation des rayons ou particules de lumière. Et, de manière analogue, une odeur ou une saveur particulières semblent dépendre de

45. On pourrait penser, à lire ce texte, que Berkeley accepte la théorie des qualités secondes. A la Sect. 266, il semble aller encore plus loin en ce sens. Or, il avait rejeté cette théorie dans les *Principles* (Sect. 9 sv.) et dans *Three Dialogues* (Premier Dialogue). Mais il faut comprendre ce texte à la lumière de ce qui vient d'être dit à la Sect. 155 (voir aussi Sect. 251).

particules spéciales de lumière ou de feu (Sect. 40) ; cela semble découler du fait que la chaleur est nécessaire pour toute végétation, et de la petitesse et de la volatilité extrêmes de ces âmes ou formes végétales, qui s'envolent des sujets sans aucune diminution sensible de leur poids. Ces particules, mêlées en un seul océan commun, sembleraient cacher les formes distinctes, mais, lorsqu'elles seraient séparées et attirées par leurs sujets propres, elles les dévoileraient ou les produiraient ; tout comme les particules de lumière, qui, lorsqu'elles sont séparées, forment des couleurs distinctes, mais, lorsqu'elles sont mêlées, se perdent sous une apparence uniforme.

166. En conformité à ces vues, Héraclite supposait qu'une substance éthérée ou feu était la semence de la génération de toutes choses, ou ce dont toutes les choses tiraient leur élément originel. Les Stoïciens enseignaient aussi que toute substance était originellement du feu, et retournerait au feu ; qu'un feu actif et subtil était diffusé ou répandu à travers l'univers tout entier, dont les diverses parties étaient produites, soutenues et maintenues ensemble par sa force. Et les Pythagoriciens pensaient, comme Diogène Laërce nous en informe[46], que la chaleur ou feu était le principe de la vie, animant le système tout entier, et pénétrant tous les éléments (Sect. 152, 153). Les Platoniciens, aussi, à l'égal des Pythagoriciens, soutenaient que le feu est l'agent naturel immédiat, ou esprit animal, qui nourrit, chauffe, enflamme, éclaire, fait végéter, produit les digestions, circulations, sécrétions et mouvements organiques dans tous les corps vivants, végétaux ou animaux, étant les effets de cet élément, qui, tout comme il actue le macrocosme, anime le microcosme. Dans le *Timée* de Platon[47], on suppose qu'il y a quelque chose comme un réseau de feu et de rayons de feu dans le corps humain. Cela ne semble-t-il pas signifier l'esprit animal s'écoulant, ou plutôt se précipitant par les nerfs ?

167. Selon les Péripatéticiens, la forme du ciel ou forme éthérée du feu, contient les formes de tous les êtres inférieurs (Sect. 43). On peut dire qu'elle fourmille de formes, et qu'elle les communique à des sujets adaptés à les recevoir. Sa force vitale, au sens péripatéticien, est vitale pour tous, mais elle est diversement reçue, selon la diversité des sujets.

46. Diogène Laërce, viii, 27.
47. *Timée*, 78 B.

Ainsi, toutes les couleurs sont virtuellement contenues dans la lumière ; mais leurs distinctions actuelles en bleu, rouge, jaune, etc., dépendent de la différence des objets qu'elle éclaire. Aristote, dans le livre *De Mundo*[48], suppose une certaine cinquième essence, une nature éthérée, immuable et impassible ; et immédiatement après une substance subtile enflammée, allumée ou mise à feu par cette nature éthérée et divine. Il suppose, en effet, que Dieu est dans les cieux, et que Sa puissance, ou une force dérivée de Lui, actue et anime l'univers.

168. Si nous en croyons Plutarque[49], Empédocle pensait que l'éther, ou la chaleur, était Jupiter. Les philosophes anciens se servaient, parfois confusément, du terme éther, pour signifier tantôt le feu et tantôt l'air. En effet, ils distinguaient deux sortes d'air. Platon, dans le Timée[50], parlant de l'air, dit qu'il y en a de deux sortes, l'un plus fin et plus subtil, appelé éther, l'autre plus grossier et rempli de vapeurs. Cet éther ou milieu plus pur semble avoir été l'air ou principe d'où toutes choses, selon Anaximène, tiraient naissance, et dans lequel elles se résolvaient à leur mort. Hippocrate, dans son traité *De Diaeta*[51], parle d'un feu pur et invisible ; et ce feu, selon lui, est ce qui, agitant et donnant mouvement à toutes choses, les fait apparaître, ou, comme il le dit, venir en évidence, c'est-à-dire exister, chacune en son temps, et selon sa destinée.

169. On tenait ce feu pur, éther ou substance de la lumière pour invisible en soi et imperceptible à tous nos sens, étant perçu seulement par ses effets, tels que la chaleur, la flamme et la raréfaction. A cela nous pouvons ajouter que les modernes prétendent l'avoir perçu par son poids, vu que les huiles aromatiques qui sont remplies de feu, puisqu'elles sont les plus prêtes à s'enflammer violemment, sont les plus lourds des corps. Et par une expérience de Mr. Homberg, on trouvait que quatre onces de régule d'antimoine, étant calcinées par une lentille pendant une heure de suite, avaient imbibé et fixé sept drachmes de la substance de la lumière.

170. Telle est la force raréfiante et expansible de cet élément, qu'elle produit, en un instant, les effets les plus grands et les plus prodigieux : preuve suffisante non seulement de la

48. *De Mundo,* II, 392 a.
49. Pseudo-Plutarque, *De plac. philos.,* I, 3.
50. *Timée,* 58 D.
51. *Du régime,* II, 31.

puissance du feu, mais aussi de la sagesse avec laquelle il est gouverné et empêché de jaillir à tout moment pour ravager et détruire totalement toutes choses. Et il est très remarquable que ce même élément, si sauvage et si destructeur, soit cependant tempéré et appliqué de façon si variée qu'il soit aussi la chaleur salutaire, la flamme réconfortante, nourrissante et vitale de toutes les créatures vivantes. Il n'est donc pas surprenant qu'Aristote ait pensé que la chaleur d'un corps vivant est quelque chose de divin et de céleste, dérivé de ce pur éther auquel il supposait qu'était immédiatement unie la Divinité incorporelle (χωριστὸν εἶδος), ou sur lequel il supposait qu'elle agissait immédiatement.

171. Les Platoniciens soutenaient que l'intellect résidait dans l'âme, et l'âme dans un véhicule éthéré. Et que, tout comme l'âme était une nature intermédiaire, qui réconciliait l'intellect et l'éther, ainsi l'éther était une nature intermédiaire, qui réconciliait et reliait l'âme et les corps plus grossiers (Sect. 152, 154). Galien enseignait de même que, bien que l'âme soit incorporelle, elle a pour tégument immédiat ou véhicule un corps d'éther ou feu, par l'intervention duquel elle meut les autres corps, et est mutuellement affectée par eux. Ce vêtement intérieur était censé demeurer sur l'âme non seulement après la mort, mais après la purgation la plus parfaite, qui, au long du temps, selon les disciples de Platon et de Pythagoras, purifiait l'âme :

...purumque reliquit
aethereum sensum atque aurai simplicis ignem [52].

Cette tunique de l'âme, qu'on l'appelle pur éther, ou véhicule luciforme, ou esprit animal, semble être ce qui meut et agit sur les gros organes, selon que l'âme le détermine, de laquelle elle reçoit immédiatement impression, et dans laquelle réside véritablement et proprement la force motrice. Certains modernes ont jugé approprié de tourner en dérision tout ce qu'on dit des véhicules éthérés comme n'étant que pur jargon ou termes dénués de signification. Mais ils auraient dû considérer que tout discours sur l'âme est dans son ensemble, ou pour la plus grande part, métaphorique ; et que, en conformité à cela, Platon [53] parle de l'esprit ou de l'âme comme d'un cocher qui guide et gouverne un char, qui est, non sans raison, nommé αὐγοειδές, véhicule éthéré luciforme, ou ὄχημα — termes qui

52. *Enéide,* VI, 746.
53. *Phèdre,* 246.

exprìment la pureté, la légèreté, la subtilité et la mobilité de cette fine nature céleste dans laquelle réside et opère immédiatement l'âme.

172. C'était une doctrine des Stoïciens que le monde était un animal, et que la Providence correspondait à l'âme raisonnable chez l'homme. Mais alors ils supposaient que la Providence ou Esprit résidait immédiatement ou était présente dans le feu, pour y habiter et y agir. Bref, ils concevaient Dieu comme un esprit intellectuel et enflammé, πνεῦμα νοερὸν καὶ πυρῶδες [54]. Donc, bien qu'ils considérassent le feu (Sect. 166) comme le τὸ ἡγεμονικὸν ou principe directeur du monde, ce n'était pourtant pas simplement le feu, mais le feu animé par un esprit.

173. Telles sont les brillantes et vivantes signatures d'un Esprit divin, opérant et se révélant dans le feu et la lumière à travers le monde tout entier, que, comme l'observe Aristote dans son livre *De Mundo* [55], toutes les choses semblent pleines de divinités, dont les apparitions de tous côtés frappent et éblouissent nos yeux. Et on doit admettre que les principaux philosophes et sages de l'antiquité, quand bien même ils attribuaient beaucoup aux causes secondes et à la force du feu, supposaient cependant un Esprit ou Intellect qui y résidait toujours, actif ou prévoyant, qui restreignait sa force et dirigeait ses opérations.

174. Ainsi, Hippocrate, dans son traité *De Diaeta* [56], parle d'un feu puissant, mais invisible (Sect. 168), qui, sans bruit, gouverne toutes choses. Là, dit-il, résident l'âme, l'entendement, la prudence, la croissance, le mouvement, la diminution, le changement, le sommeil et le réveil. C'est ce qui gouverne toutes choses et n'est jamais en repos. Et le même auteur, dans son petit traité *De Carnibus* [57], après une sérieuse préface énonçant qu'il va déclarer sa propre opinion, l'exprime en ces termes : « Ce que nous appelons chaleur, θερμόν, me paraît quelque chose d'immortel, qui comprend toutes choses, qui voit et connaît à la fois ce qui est présent et ce qui est futur. »

175. Cette même chaleur est aussi ce qu'Hippocrate appelle la nature, l'auteur de la vie et de la mort, du bien et du mal.

54. Diogène Laërce, vii, 156.
55. *De Mundo*, 397 b.
56. *Du régime*, I, 11.
57. *De carnibus*, I, ad init.

On doit noter, en outre, qu'il ne fait de cette chaleur l'objet d'aucun sens. C'est cette nature universelle et occulte, cette force intérieure invisible, qui actue et anime le corps tout entier, et qui a été adorée par les anciens sous le nom de Saturne ; Vossius [58] estime, non sans vraisemblance, que ce nom est dérivé du mot hébreu *satar,* qui signifie se tenir caché ou dissimulé. Et ce que déclare Hippocrate s'accorde avec les notions des autres philosophes : Héraclite (Sect. 166), par exemple, qui considérait le feu comme le principe et la cause de la génération de toutes choses, n'entendait pas signifier par là un élément inanimé, mais, pour reprendre son expression, πῦρ ἀειζωον[59], un feu doué de vie éternelle.

176. Théophraste, dans son livre *De Igne* [60], distingue entre chaleur et feu. Il considère la première comme un principe ou cause, non pas ce qui apparaît aux sens comme une passion ou accident existant dans un sujet, et qui est en vérité l'effet de ce principe invisible. Et il est remarquable qu'il réfère l'examen de ce feu invisible ou chaleur à l'investigation des causes premières. Le feu, comme principe, n'est ni engendré, ni détruit, il est partout et toujours présent (Sect. 43) ; tandis que ses effets, à des moments et en des endroits différents, se montrent plus ou moins, et sont très variés, doux et nourrissants, ou violents et destructeurs, terribles ou agréables, communiquant le bien et le mal, la croissance et la corruption, la vie et la mort, à travers le système mondain tout entier.

177. Tout le monde reconnaît que les Grecs ont dérivé beaucoup de leur philosophie des nations orientales. Et certains pensent qu'Héraclite a tiré ses principes d'Orphée, tout comme Orphée les avait tirés des Egyptiens ; ou, selon d'autres écrivains, il avait été l'élève d'Hippasus, un Pythagoricien, qui soutenait la même conception du feu, et qui aurait pu la dériver de l'Egypte par son maître Pythagoras, qui avait voyagé en Egypte, et qui avait été instruit par les sages de cette nation, dont une des doctrines était que le feu est le principe de toute action ; cela s'accorde à l'enseignement des Stoïciens, selon lequel la totalité des choses est administrée par un esprit intellectuel enflammé. Dans le *Dialogue d'Esculape* [61], nous trouvons la

58. Vraisemblablement Isaac Vossius (1618-1689), chanoine de Windsor, fils de Gérard-Joseph Vossius.

59. Diels, *Fragmente der Vorsokratiker,* fr. 30.

60. *De igne,* VI, 44.

61. Hermès Trismégiste, *Asclépius.* Plus loin, *Poimandrès.*

notion suivant laquelle toutes les parties du monde végètent sous l'action d'un fin éther subtil, qui agit comme une machine ou instrument, soumise à la volonté du Dieu suprême.

178. De même que les Platoniciens soutenaient que l'intellect est logé dans l'âme, et l'âme dans l'éther (Sect. 157) ; ainsi, on considère comme une doctrine d'Hermès Trismégiste dans le *Pimandre,* que l'esprit est vêtu par l'âme, et l'âme par l'éther. Par suite, comme l'esprit animal de l'homme, étant subtil et lumineux, est le tégument immédiat de l'âme humaine, ou ce en quoi et par quoi elle agit ; de même, l'esprit du monde, cette substance éthérée, active et enflammée de la lumière, qui pénètre et anime le système tout entier, est censée vêtir l'âme, qui vêt l'esprit de l'univers.

179. De plus, les Mages disaient de Dieu qu'il avait pour corps la lumière, et pour âme la vérité. Et dans les oracles chaldéens, toutes les choses sont censées être gouvernées par un πῦρ νοερόν [62], ou feu intellectuel. Et dans les mêmes oracles, on dit que l'esprit créateur est vêtu de feu, ἑσσάμενος πυρὶ πῦρ [63] : cette réduplication orientale du mot « feu » semble en indiquer la pureté et la force extrême. Ainsi également dans les Psaumes : « Tu es vêtu de lumière comme d'un vêtement » [64], où le mot traduit par « lumière » aurait pu être traduit par « feu » ; les lettres hébraïques étant les mêmes que celles dans le mot qui signifie feu, toute la différence étant dans les points, qui sont considérés à juste titre comme une invention tardive. Cette autre phrase de l'Ecriture est remarquable : « Qui fait de ses ministres un feu enflammé » [65], ce qui pourrait peut-être être traduit plus en conformité avec le contexte aussi bien qu'avec l'hébreu : « Qui fait du feu enflammé ses ministres », et l'ensemble pourrait se lire ainsi : « Qui fait des vents ses messagers, et du feu enflammé ses ministres. »

180. La conception selon laquelle il y a quelque chose de divin dans le feu, animant le monde tout entier, et ordonnant ses diverses parties, était une doctrine très généralement acceptée (Sect. 156, 157, 163, 166, 167, 168, 170, 172, 173, 174, 175, 177, etc.), embrassée aux époques et dans les endroits les plus distants, même parmi les Chinois, qui font du *tien,* éther

62. Proclus, *In Parmenidem* (*Opera,* ed. Cousin, t. V, p. 204).
63. *Ibid.,* p. 205.
64. Psaume 104, 2.
65. Psaume 104, 4.

ou ciel, le principe souverain ou cause de toutes choses, et enseignent que la vertu céleste, appelée par eux *li*, quand elle est jointe à la substance corporelle, façonne, distingue et spécifie tous les êtres naturels. Ce *li* des Chinois semble correspondre aux formes des Péripatéticiens ; et tous les deux sont analogues à la philosophie du feu déjà citée.

181. Les cieux sont censés être prégnants de vertus et de formes, qui constituent et discriminent les diverses espèces des choses. Et nous avons plus d'une fois remarqué que, tout comme la lumière, feu ou éther céleste, lorsqu'elle est divisée par des corps réfringents ou reflétants, produit la variété des couleurs, ainsi, cette même substance apparemment uniforme, lorsqu'elle est divisée et sécrétée par les puissances d'attraction et de répulsion des divers conduits sécrétoires des plantes et des animaux, c'est-à-dire par la chimie naturelle, produit ou communique les diverses propriétés spécifiques des corps naturels. D'où les goûts, et les odeurs, et les vertus médicinales si variées dans les plantes.

182. Les Chinois cultivés considèrent et adorent le *tien* comme l'éther vivant et intelligent, le πῦρ νοερὸν des Chaldéens et des Stoïciens. Et le culte des choses célestes, le soleil et les étoiles, parmi les nations orientales moins éloignées, était dû à leur nature enflammée, à leur chaleur et à leur lumière, et à l'influence de celles-ci. Pour ces raisons, les théologiens grecs considéraient le soleil comme l'esprit du monde et la puissance du monde. La qualité purificatrice, la lumière et la chaleur du feu sont des symboles naturels de pureté, de connaissance et de puissance, ou, si je puis m'exprimer ainsi, les choses elles-mêmes dans la mesure où elles sont perceptibles à nos sens, ou dans le même sens comme on dit que le mouvement est action. Par suite, on trouve que Grecs et Romains portaient une attention religieuse au feu, et avec eux, la plupart, sinon toutes les nations du monde.

183. Le culte de Vesta à Rome était, à la vérité, le culte du feu.

« Nec tu aliud Vestam quam vivam intellige flammam », dit Ovide dans ses *Fasti*[66]. Et de même que, dans la Rome ancienne, le feu éternel était religieusement gardé par des vierges, ainsi, en Grèce, particulièrement à Delphes et à Athènes, il était gardé par des veuves. Il était bien connu que les

66. *Fastes*, vi, 291.

Egyptiens adoraient avec grande distinction Vulcain ou le feu. Les Zabii ou Sabéens sont également connus comme adorateurs du feu. Il apparaît aussi d'après les oracles chaldéens que les sages de cette nation tenaient le feu pour divin. Et on suppose que Ur des Chaldéens était appelé ainsi à partir du mot hébreu signifiant feu, parce que le feu était publiquement adoré dans cette cité. Toute l'antiquité atteste que les anciens Perses et leurs Mages rendaient au feu un culte religieux. Et la secte des Parsis, ou anciens Gentils, dont il y a des vestiges considérables aujourd'hui dans le pays du Mogol et en Perse, témoigne de la même chose.

184. Il ne semble pas que leurs prostrations devant les feux perpétuels, préservés avec grand soin dans leurs Pyreia, ou temples du feu, étaient simplement un respect civil, comme le voudrait Dr. Hyde[67] ; bien qu'il fournisse de bonnes preuves qu'ils n'invoquent pas le feu sur leurs autels, ni qu'ils le prient, ni qu'ils l'appellent Dieu, et qu'ils reconnaissent une Divinité suprême invisible. On rend un hommage civil aux choses dans la mesure où elles ont relation au pouvoir civil : mais une telle relation n'apparaît pas dans le cas présent. Il semblerait donc qu'ils adorent Dieu en tant que présent dans le feu, qu'ils adorent ou révèrent non pas de façon ultime ou en lui-même, mais relativement à l'Etre suprême. Il n'est pas improbable que ce fut le cas ailleurs tout d'abord, bien que la pratique des hommes, surtout du vulgaire, puisse au cours des temps dégénérer à partir de l'institution originale, et se fixer dans l'objet des sens.

185. Dr. Hyde, dans son *Histoire de la religion des anciens Perses*[68], voudrait qu'ils aient emprunté l'usage et la vénération des feux perpétuels à la pratique juive, prescrite dans la loi lévitique, de garder un feu perpétuel sur l'autel. Que ç'ait été le cas ou non, j'ose avancer ceci : il semble probable que, quelle qu'ait été l'origine de cette coutume chez les Perses, les coutumes semblables chez les Grecs et les Romains dérivaient de la même source.

186. On doit reconnaître qu'il y a bien des passages dans la Sainte Ecriture (Sect. 179) qui feraient penser que l'Etre suprême était, d'une manière particulière, présent et manifeste

67. Thomas Hyde (1636-1703), bibliothécaire de la Bodléienne et professeur d'hébreu à l'Université d'Oxford.

68. *Historia Religionis veterum Persarum eorumque Magorum*, 1700.

dans l'élément du feu. Pour ne pas insister sur le fait que Dieu est dit plus d'une fois être un feu consumant, ce qui pourrait être compris en un sens métaphorique ; les apparitions divines furent par le feu dans le buisson ardent, sur le Mont Sinaï, sur le tabernacle, dans les langues de feu. Dieu est représenté dans les écrits inspirés comme descendant dans le feu, comme accompagné par le feu, ou comme précédé par le feu. Les choses célestes, telles que les anges, les chars et phénomènes semblables, sont revêtues de feu, de lumière et de splendeur. Ezéchiel, dans ses visions, vit du feu et de la clarté, des lampes, des charbons ardents et des éclairs. Dans une vision de Daniel, le trône de Dieu apparaît comme une flamme ardente, et ses roues comme un feu consumant. Une flamme ardente sortit aussi et s'avança de devant Lui.

187. A la transfiguration, les apôtres virent le visage de notre Sauveur étincelant comme le soleil, et ses vêtements blancs comme la lumière, et aussi un nuage brillant, ou corps lumineux, duquel vint la voix ; l'Eglise grecque maintenait, il y a peu de siècles, que cette lumière et cette splendeur visible étaient divines et incréées, et la gloire même de Dieu ; comme on peut le voir dans l'*Histoire* écrite par l'empereur Jean Cantacuzène[69]. Et récemment, Bishop Patrick[70] opine qu'au commencement du monde, le Shekinah, ou divine présence, qui était alors fréquente et ordinaire, se manifestait par la lumière ou par le feu. En commentant ce passage où il est dit que Caïn sortit de la présence du Seigneur, l'évêque observe que, si Caïn, après cela, devint totalement idolâtre, comme beaucoup le pensent, il est très vraisemblable qu'il introduisit le culte du soleil, comme la meilleure ressemblance qu'il pût trouver de la gloire du Seigneur, qui avait coutume d'apparaître dans une lumière enflammée. On pourrait énumérer indéfiniment tous les passages de la Sainte Ecriture qui confirment et éclairent cette notion, ou qui représentent la Divinité se manifestant et opérant par le feu ; la fausse interprétation de cette idée aurait peut-être amené les Gnostiques, les Basilidiens et autres hérétiques anciens à penser que Jésus-Christ était le soleil corporel visible.

188. Nous avons vu qu'aux époques les plus reculées et dans les pays les plus éloignés, le peuple aussi bien que les

69. Jean VI, Cantacuzène (1292-1383). *Histoire,* II, 39, cccxxxii, et 40, cccxxxiv (Migne, *Patrologie grecque*, t. 153).

70. Simon Patrick (1626-1707), évêque d'Ely.

lettrés, les dispositions des législateurs aussi bien que les raisonnements des philosophes, ont toujours considéré l'élément du feu sous une lumière spéciale, et qu'ils l'ont traité avec un respect plus qu'ordinaire, comme s'il était quelque chose d'une nature très particulière et extraordinaire. Et il ne manque pas d'auteurs de premier ordre, parmi les modernes, qui soutiennent des idées semblables concernant le feu, surtout parmi ceux qui sont les plus compétents à ce sujet, et qui sembleraient les mieux informés.

189. M. Homberg, le célèbre chimiste moderne, qui a porté cet art à une si grande perfection, soutient[71] que la substance de la lumière ou feu est le vrai principe chimique du soufre (Sect. 129) et qu'il s'étend à travers l'univers tout entier. Il pense que c'est le seul principe actif ; que, mêlé à diverses choses, il forme différentes sortes de productions naturelles, donnant l'huile avec les sels, le bitume avec la terre, le métal avec le mercure ; que ce principe du soufre, feu ou substance de la lumière, est imperceptible en soi, et devient sensible seulement quand il est joint à un autre principe, qui lui sert de véhicule ; que, bien qu'il soit la plus active de toutes les choses, il est cependant en même temps le lien et le ciment le plus solide, qui combine et maintient ensemble les principes, et qui donne forme aux corps mixtes ; et que, dans l'analyse des corps, on le perd toujours, car il échappe à l'habileté de l'artiste, et passe par les vaisseaux les plus étroits.

190. Boerhaave[72], Nieuwentyt[73], et divers autres modernes pensent de même. Ceux-ci, de même que les anciens, distinguent un feu pur, élémentaire et invisible, du feu culinaire, ou de celui qui apparaît dans les corps enflammés (Sect. 163, 166). Ils ne considèrent pas ce dernier comme un feu pur. Le feu pur doit se discerner à ses seuls effets, tels que la chaleur, la dilatation de tous les corps solides, et la raréfaction des fluides, la ségrégation des corps hétérogènes, et l'agrégation de ceux qui sont homogènes. Cela, donc, qui fume et donne des flammes n'est pas le feu pur, mais ce qui se concentre au foyer d'un miroir ou d'un verre incandescent. Ce feu semble la source de toutes les opérations dans la nature ; sans lui, rien ne végète ni ne se putréfie, ne vit, ne se meut, ni ne fermente, n'est dissous ni composé ni modifié à travers ce monde naturel tout entier

71. *Histoire de l'Académie Royale des Sciences,* année 1706, p. 88.
72. *Elementa chemiae,* 1732, t. I, p. 284.
73. Bernard Nieuwentijdt (1654-1718), mathématicien hollandais.

dans lequel nous subsistons. S'il n'était présent, le tout serait une grande masse stupide et inanimée. Mais cet élément actif est censé être partout, et toujours présent, communiquant les différents degrés de vie, de chaleur et de mouvement aux divers animaux, végétaux et autres productions naturelles, aussi bien qu'aux éléments eux-mêmes, où ils sont produits et nourris.

191. De même que l'eau agit sur le sel, ou l'*aqua fortis* sur le fer, ainsi le feu dissout tous les autres corps. Le feu, l'air et l'eau sont tous les trois des solvants : mais les deux derniers semblent dériver toute leur force et toute leur activité des deux premiers (Sect. 149). Et, certes, il semble n'y avoir, à l'origine ou au terme, qu'un seul solvant dans la nature, auquel on peut réduire tous les autres solvants. Les sels acides sont un solvant, mais leur force et leurs puissances distinctes viennent du soufre. Considérés comme purs, ou en eux-mêmes, ils sont tous de la même nature. Mais lorsqu'ils sont obtenus par distillation, ils sont constamment joints à un soufre, qui les caractérise et dont ils ne peuvent être séparés. Telle est la doctrine de M. Homberg. Mais qu'est-ce qui caractérise ou différencie les soufres eux-mêmes ? Si le soufre est la substance de la lumière, comme le veut cet auteur, d'où vient que les soufres animal, végétal et métallique communiquent des qualités différentes au même sel acide ? Est-ce que cela peut être expliqué à partir des principes de Homberg ? Et ne sommes-nous pas obligés de supposer que la lumière, séparée par les puissances d'attraction et de répulsion dans les filtres, conduits et pores de ces corps, forme plusieurs sortes distinctes de soufre, qui, toutes, avant cette séparation, étaient perdues et mêlées ensemble dans une masse commune de lumière ou de feu, apparemment homogène ?

192. Dans l'analyse des corps enflammables, le feu ou soufre est perdu, et la diminution de poids montre la perte (Sect. 169). L'huile se dissout en eau, en terre et en sel, dont aucun n'est enflammable. Mais le feu ou *vinculum* qui reliait ces choses et donnait la forme de l'huile, échappe à l'artiste. Il disparaît, mais il n'est pas détruit. La lumière ou feu emprisonné, devenu partie du composé, donne l'union aux autres parties, et la forme au tout. Mais s'étant échappé, il se mêle à l'océan général de l'éther, jusqu'à ce que, étant divisé et attiré à nouveau, il pénètre et spécifie un nouveau sujet des règnes animal, végétal ou minéral. Le feu, donc, au sens des philosophes, est aussi un feu, mais non pas toujours une flamme.

193. On observe que le feu ou lumière solaire, en calcinant certains corps, ajoute à leur poids. Il n'y a donc aucun doute

que la lumière peut être fixée, et entrer dans la composition d'un corps. Et bien qu'elle puisse demeurer cachée pendant longtemps, cependant, lorsqu'elle est libérée de sa prison, elle montrera toujours qu'elle est du feu. Le plomb, l'étain, ou le régule d'antimoine, lorsqu'ils sont exposés au feu d'une lentille, bien qu'ils perdent beaucoup en fumée et en vapeur, augmentent néanmoins de poids de façon considérable, ce qui prouve l'introduction de la lumière ou feu par leurs pores. On observe aussi que l'urine ne produit aucun phosphore à moins d'être longtemps exposée à la lumière solaire. De tout cela, on peut conclure que les corps attirent et fixent la lumière ; c'est pourquoi il semblerait, comme certains l'ont observé, que le feu, sans brûler, est un ingrédient de bien des choses, tout comme l'eau sans mouiller.

194. De cela, il ne peut y avoir de meilleure preuve que l'expérience de M. Homberg, qui fit de l'or à partir du mercure en introduisant de la lumière dans ses pores, mais avec tant de difficulté et de dépenses que j'imagine que personne ne tentera l'expérience pour en tirer profit. Par cette jonction de la lumière et du mercure, les deux corps se fixèrent, et en produisirent un troisième, différent de l'un et de l'autre, à savoir de l'or véritable. Pour la vérité de ce fait, je renvoie aux Mémoires de l'Académie Française des Sciences[74]. D'après l'expérience précédente, il apparaît que l'or est seulement une masse de mercure pénétrée et cimentée par la substance de la lumière, les particules de ces corps s'attirant et se fixant les unes les autres. Cela ne semble pas avoir échappé complètement aux philosophes antérieurs ; Marsilius Ficinus, le Platonicien, dans son commentaire du premier livre de la seconde *Ennéade* de Plotin[75], et d'autres de même avant lui, regardaient le mercure comme la mère, et le soufre comme le père des métaux ; et Platon lui-même, dans son *Timée*[76], décrit l'or comme un fluide dense à la lumière jaune brillante, ce qui convient bien à la composition de lumière et de mercure.

195. Le feu ou lumière se mêle à tous les corps (Sect. 157), même à l'eau ; témoin les lumières flamboyantes dans la mer, dont les vagues semblent fréquemment toutes en feu. Ses opérations sont variées suivant son espèce, sa quantité et son

74. *Histoire de l'Académie Royale des Sciences*, année 1706, *Suite de l'article trois des Essais de Chimie*, p. 267.

75. *Plotini Opera*, ed. Creuzer, 1835, t. I, p. 147 a.

76. *Timée*, 59 B.

degré de véhémence. Un degré maintient l'eau fluide, et un autre la change en air élastique (Sect. 149). Et l'air lui-même ne semble rien d'autre que des vapeurs et des exhalaisons, rendues élastiques par le feu. Rien ne flambe que l'huile, et le soufre joint à de l'eau, du sel et de la terre compose l'huile, lequel soufre est du feu : donc, le feu renfermé attire le feu, et fait brûler et flamboyer les corps dans la composition desquels il entre.

196. Le feu rassemblé au foyer d'un verre opère *in vacuo,* et par suite on pense qu'il n'a pas besoin d'air pour le soutenir. Le calx de plomb a sauté en produisant une explosion *in vacuo,* ce que Nieuwentyt et d'autres prennent pour une preuve que le feu peut brûler sans air. Mais Mr. Hales [77] attribue cet effet à l'air renfermé dans le plomb rouge, et peut-être aussi dans le récipient, où le vide ne peut être parfaitement réalisé. Quand le plomb ordinaire est mis au feu pour produire du plomb rouge, il en sort un poids de celui-ci plus grand que ce qu'on avait mis de plomb ordinaire. Le plomb rouge semblerait donc imprégné de feu. Mr. Hales pense qu'il est imprégné d'air. Mr. Nieuwentyt soutient que la vaste expansion d'*aqua fortis* composée procède du feu seul. Mr. Hales prétend que l'air doit nécessairement coopérer. Bien que, d'après l'expérience de Nieuwentyt, il semblerait que le phosphore brûle également avec ou sans air.

197. Peut-être ceux qui défendent des vues opposées à ce sujet peuvent-ils être réconciliés si l'on observe que l'air n'est en réalité rien de plus que des particules de corps humides et secs, volatilisées et rendues élastiques par le feu (Sect. 147, 150, 151). Par suite, tout ce qui est fait par l'air doit être attribué au feu ; ce feu est une chose subtile et invisible, dont on ne peut discerner l'opération que par le moyen d'un corps plus gros, qui sert non pas d'aliment pour nourrir le feu, mais de véhicule pour l'arrêter et le mettre en vue — ce qui semble la seule utilité de l'huile, de l'air ou de toute autre chose qui passe vulgairement pour un aliment ou nourriture de cet élément.

198. Pour expliquer cette matière plus clairement, on observera que le feu, afin de devenir sensible, doit avoir un sujet sur lequel agir. Celui-ci, étant pénétré et agité par le feu, nous affecte par la lumière, la chaleur ou quelque autre altération

77. *Statical Essays,* 1733, ch. 6.

sensible. Et ce sujet ainsi travaillé peut être appelé feu culinaire. Au foyer d'une lentille exposée au soleil, il y a du feu réel et actuel, bien qu'il ne soit pas discerné par les sens aussi longtemps qu'il n'a pas quelque chose sur quoi agir, et qu'il ne peut se révéler par ses effets, l'échauffement, l'inflammation, la fonte, et autres semblables. Tout corps enflammé est, au sens précédent, du feu culinaire. Mais il ne s'ensuivra donc pas qu'il est convertible en feu pur élémentaire. Celui-ci, pour autant qu'il apparaît, peut être ingénérable et incorruptible de par le cours de la nature. Il peut être fixé et emprisonné dans un composé (Sect. 169, 192, 193), et garder cependant sa nature, bien que celle-ci soit perdue en un sens et bien qu'il retourne à la masse élémentaire invisible, lors de l'analyse du corps composé : comme il est manifeste dans la solution de la pierre à chaux dans l'eau.

199. Il semblerait donc que, quand on dit que l'air est l'aliment du feu, ou qu'il est changé en feu, cela devrait être compris uniquement en ce sens : à savoir que l'air, étant moins gros que d'autres corps, est d'une nature intermédiaire et donc plus adaptée à recevoir les impressions d'un feu éthéré et subtil (Sect. 13), et à le communiquer aux autres choses. Selon les anciens, l'âme servait de véhicule à l'intellect, et la lumière ou feu de véhicule à l'âme ; et, de manière analogue, on peut supposer que l'air est un véhicule pour le feu, le fixant dans une certaine mesure, et communiquant ses effets aux autres corps.

200. Le pur feu invisible ou éther s'infiltre dans tous les corps, même dans les plus durs et les plus solides, comme le diamant. Il ne peut donc être à lui seul, comme certains savants l'ont supposé, la cause du mouvement musculaire, par une simple impulsion des nerfs communiquée du cerveau aux membranes des muscles, et par ce moyen à l'éther renfermé, dont le mouvement expansif, étant accru de ce fait, gonflerait les muscles et causerait une contraction des fibres charnues. Cela, semblerait-il, le pur éther ne peut le faire immédiatement et de lui-même, parce que, si l'on suppose que son mouvement expansif s'accroisse, il doit toujours passer à travers les membranes, et, par suite, ne pas les gonfler, puisque l'éther est censé se répandre librement dans les corps les plus solides. Il semblerait donc que cet effet soit dû non au pur éther, mais à l'éther fixé dans une de ses parties et arrêté par les particules de l'air.

201. Bien que cet éther soit extrêmement élastique, cependant, comme on trouve parfois par expérience qu'il est attiré, emprisonné et détenu dans de gros corps (Sect. 169), on peut supposer qu'il est attiré, et que sa force expansive est diminuée, bien qu'elle ne soit pas entièrement fixée, par les particules d'air détachées, qui, se combinant et adhérant à lui, peuvent le faire tomber, et le rendre apte à entrer en relation avec des choses plus grosses. On peut dire que le feu pur anime l'air, et l'air d'autres choses. Le feu pur est invisible ; donc, la flamme n'est pas du feu pur. L'air est nécessaire à la fois à la vie et à la flamme. Et on trouve par expérience que l'air perd dans les poumons le pouvoir de nourrir la flamme. De là on conclut que la même chose dans l'air contribue à la fois à la vie et à la flamme. La flamme vitale survit à la flamme culinaire *in vacuo :* elle requiert donc moins de cette chose pour la soutenir.

202. Ce que cela peut être, certaine proportion ou certaines parties spéciales de l'éther, il n'est pas facile de le dire. Mais ceci, au moins, semble évident : tout ce qui est attribué à l'acide peut aussi être attribué au feu ou à l'éther. Les particules d'éther se disjoignent avec la plus grande force. Donc, selon la doctrine de Sir Isaac Newton, quand elles sont unies, elles doivent s'attirer l'une l'autre avec la plus grande force. Donc, elles constituent l'acide. En effet, tout ce qui attire et est attiré fortement peut être appelé acide, comme Sir Isaac Newton nous en informe dans son petit traité *De Acido*. De là, il semblerait que le soufre de Homberg et l'acide de Sir Isaac sont au fond une seule et même chose, à savoir le pur feu ou éther.

203. La flamme vitale ou esprit éthéré, étant attirée et emprisonnée dans des corps plus gros, semble être libérée et entraînée par l'attraction supérieure d'une flamme subtile et pure. De là vient peut-être que la foudre tue les animaux, et rend les liqueurs spiritueuses insipides en un instant.

204. Hippocrate, dans son livre *Du cœur*[78], observe que l'âme de l'homme n'est pas nourrie par les viandes et les boissons à partir du bas-ventre, mais par une substance pure et lumineuse qui darde ses rayons et qui distribue une nourriture non naturelle, ainsi qu'il la nomme, comme celle venant des intestins est distribuée à toutes les parties du corps. Il dit expressément que cette nourriture lumineuse et non naturelle, bien qu'elle soit sécrétée à partir du sang, ne vient pas du bas-ventre. Il est

78. *De corde,* VIII.

donc évident qu'il pensait qu'elle entrait dans le sang soit par la respiration, soit par attraction par les pores. Et on doit reconnaître que quelque chose d'igné ou d'éthéré, amené par l'air dans le sang, paraît nourrir sinon l'âme elle-même, du moins la tunique intérieure de l'âme, l'*auraï simplicis ignem.*

205. Qu'il y existe réellement une flamme vitale, effectivement allumée, nourrie et éteinte comme la flamme ordinaire, et par les mêmes moyens, est l'opinion de certains modernes, en particulier de Dr. Willis [79] dans son petit traité *De Sanguinis Accensione ;* qu'elle requiert une ventilation constante, par la trachée et les pores du corps, pour le dégagement d'une vapeur fuligineuse et excrémentielle ; et que cette flamme vitale, étant extrêmement subtile, ne pourrait être vue davantage que des mouches luisantes ou des *ignes fatui* à la lumière du jour. Et pourtant elle est parfois devenue visible sur certaines personnes : il y en a des exemples certains. Telle est la théorie de Dr. Willis ; et sans doute a-t-elle quelque vérité, si on la comprend de telle sorte que cette lumière ou feu pourrait en réalité constituer l'esprit animal ou véhicule immédiat de l'âme.

206. Il n'a pas manqué de gens qui, non contents de supposer que la lumière est le plus pur et le plus raffiné de tous les êtres corporels, sont allés plus loin et lui ont conféré des attributs d'une nature encore plus élevée. Julianus [80], le philosophe platonicien, cité par Ficinus, dit que c'était une doctrine dans la théologie des Phéniciens, qu'il y a, diffuse à travers le monde, une nature pellucide et étincelante, pure et impassible, l'acte d'une intelligence pure. Et Ficinus lui-même [81] entreprend de prouver par plusieurs arguments que la lumière est incorporelle : parce qu'elle illumine et remplit un grand espace en un instant, et sans opposition ; parce que plusieurs lumières se rencontrent sans se résister les unes les autres ; parce que la lumière ne peut être souillée par aucune sorte d'ordure ; parce que la lumière solaire n'est fixée en aucun sujet ; enfin, parce qu'elle se contracte et se dilate si facilement sans collision, condensation, raréfaction ni délai à travers l'espace le plus vaste. Ces raisons sont données par Ficinus dans son commentaire du premier livre de la seconde *Ennéade* de Plotin.

207. Mais il est maintenant bien connu que la lumière se meut ; que son mouvement n'est pas instantané ; qu'elle est

79. Thomas Willis (1621-1675), médecin.
80. C'est-à-dire l'empereur Julien l'Apostat.
81. *Plotini Opera,* ed. Creuzer, t. I, p. 168 a.

capable de condensation, de raréfaction et de collision ; qu'elle peut être mêlée à d'autres corps, entrer dans leur composition, et accroître leur poids (Sect. 169, 192, 193). Tout cela semble suffisant pour rejeter les arguments de Ficinus, et montrer que la lumière est corporelle. Il semble, certes, y avoir quelque difficulté au premier abord dans le fait de la non-résistance des rayons ou particules de lumière qui se rencontrent, dans toutes les directions possibles et à partir de tous les points. En particulier, si nous supposons que la surface creuse d'une large sphère garnie d'yeux qui regardent à l'intérieur les uns vers les autres, il peut sans doute sembler difficile de concevoir comment des rayons distincts venant de chaque œil peuvent arriver à chacun des autres yeux sans se bousculer, se repousser et se confondre.

208. Mais ces difficultés peuvent être surmontées, si l'on considère, en premier lieu, que les points visibles ne sont pas des points mathématiques[82], et que, par suite, nous ne devons pas supposer que tout point de l'espace est un point d'irradiation. Deuxièmement, si l'on accorde que bien des rayons se résistent et s'interceptent les uns les autres, et que néanmoins l'acte de vision peut être accompli. Puisque, comme tout point de l'objet n'est pas vu, il n'est pas nécessaire que les rayons arrivent à l'œil à partir d'un tel point. Nous voyons souvent un objet, quoique plus faiblement, quand beaucoup de rayons sont interceptés par un milieu épais.

209. En outre, nous pouvons supposer que les particules de lumière sont indéfiniment petites, c'est-à-dire aussi petites que nous voulons, et que leur agrégat comporte une relation au vide aussi petite qu'il nous plaît, car il n'y a rien qui contredise les phénomènes. Et il n'y a besoin de rien d'autre pour concevoir la possibilité de rayons passant, dans un sens ou dans l'autre, de tous les points visibles, bien qu'ils ne soient pas incorporels. Supposez cent ports placés autour d'une mer circulaire, et des bateaux navigant de chaque port à l'autre ; plus grande sera la mer, et plus petits les vaisseaux, mais il y aura de danger qu'ils se heurtent l'un l'autre. Mais comme il n'y a par hypothèse aucune proportion limitée entre la mer et les bateaux, le vide et les particules solides de lumière, il n'y a aucune difficulté qui nous oblige à conclure que la lumière du soleil est incorporelle en raison de sa libre circulation ; surtout quand il y a

82. Cf. *Essay on Vision,* Sect. 54, et *Principles,* Sect. 123 sv.

tant de preuves évidentes du contraire. Par suite, quant à la difficulté née de la supposition d'une sphère garnie d'yeux qui se regardent l'un l'autre, elle disparaît seulement si l'on suppose que les particules de lumière sont excessivement petites par rapport aux espaces vides.

210. Plotin [83] suppose que, de la lumière du soleil, qui est corporelle, jaillit une autre lumière équivoque, qui est incorporelle, et comme l'éclat de la première. Marcilius Ficinus [84], lui aussi, observant que c'est une doctrine dans le *Timée* de Platon [85], qu'il y a un feu occulte ou esprit diffus à travers le monde, donne à entendre que ce même feu ou lumière occulte et invisible est, pour ainsi dire, la vue de l'âme du monde. Et Plotin, dans sa quatrième *Ennéade* [86], montre que c'est son opinion que le monde se voit lui-même et chacune de ses parties. Les philosophes platoniciens raffinent merveilleusement au sujet de la lumière, et s'élèvent très haut — du charbon à la flamme ; de la flamme à la lumière ; de cette lumière visible à la lumière occulte de l'âme céleste ou mondaine, qu'ils imaginent pénétrer et agiter la substance de l'univers par son mouvement vigoureux et expansif.

211. Si nous en croyons Diogène Laërce [87], les philosophes pythagoriciens pensaient qu'il y avait une certaine chaleur pure ou feu, qui avait quelque chose de divin en elle, par la participation de laquelle les hommes devenaient apparentés aux dieux. Et, selon les Platoniciens, les cieux se définissent plutôt par leur pureté que par leur situation locale. Les cieux sont le feu le plus pur et le plus excellent, dit Ficinus [88]. Et de plus il appelle céleste le feu caché qui se déploie partout. Il représente le feu comme très puissant et très actif, divisant toutes choses, ayant horreur de toute composition ou mélange à d'autres corps ; et, dès qu'il est libéré, retombant instantanément dans la masse commune de feu céleste, qui est partout présent et caché.

212. C'est la source générale de la vie, du courage et de la force, et donc de la santé de tous les animaux, qui reçoivent constamment ses insinuations revêtues d'air, par les poumons

83. *Ennéades,* II, i, 7.
84. *Plotini Opera,* ed. Creuzer, t. I, p. 175 a.
85. *Timée,* 34 B.
86. *Ennéades,* IV, v, 8.
87. Diogène Laërce, VIII, 27.
88. *Plotini Opera,* ed. Creuzer, t. I, p. 174 b.

et les pores du corps. Ce même esprit, emprisonné dans la nourriture et les remèdes, est communiqué à l'estomac, aux intestins, aux veines lactées, il circule et est sécrété par les divers conduits, et il est distribué dans le système tout entier (Sect. 37, 42, 44). Platon, dans son *Timée*[89], lorsqu'il énumère les sucs ignés, nomme d'abord le vin, et ensuite le goudron. Mais le vin est tiré du raisin, et fermenté par l'industrie humaine. Donc, d'après ses explications, on doit estimer que le goudron ou résine est le premier de tous les sucs ignés purement naturels.

213. L'éther lumineux et vivifiant existe dans tous les endroits, même dans les cavernes les plus sombres ; comme il ressort du fait que beaucoup d'animaux voient dans ces endroits sombres, et qu'on peut y allumer du feu en choquant ou en frottant des corps. Il est également connu que certaines personnes voient par instants dans l'obscurité. On dit que Tibère avait cette faculté ou maladie. J'ai moi-même connu un homme ingénieux qui en avait eu l'expérience plusieurs fois en lui-même. Et Dr. Willis, dans son petit traité *De Sanguinis Accensione* en mentionne un autre, qu'il avait connu. Par suite, Virgile dit que cet éther ou esprit lumineux nourrit la terre la plus profonde, aussi bien que les cieux et les corps célestes.

Principio coelum ac terras, camposque liquentes,
Lucentemque globum lunae, Titaniaque astra
Spiritus intus alit[90].

214. Les principes de mouvement et de végétation dans les corps vivants semblent être des portions du feu ou esprit invisible de l'univers (Sect. 43, 157, 164, 171), qui, bien que présent à toutes choses, n'est pas cependant reçu par toutes d'une seule façon, mais est diversement imbibé, attiré et sécrété par les fins capillaires et les filtres raffinés dans les corps des plantes et des animaux, où il se mêle à leurs sucs et y est maintenu.

215. Certains observateurs de la nature ont pensé que les fins vaisseaux glandulaires n'admettent de la masse commune du sang que les sucs qui sont homogènes à ceux dont ils étaient pénétrés à l'origine. On ne voit pas comment ils en vinrent à être ainsi pénétrés. Mais ceci au moins est clair, que les tubes

89. *Timée*, 60 A.
90. *Enéide*, VI, 724-726.

fins attirent les fluides, que les glandes sont des tubes fins, et qu'elles tirent de la masse commune des sucs très différents. Il en va de même en ce qui concerne les vaisseaux capillaires des végétaux (Sect. 30, 31, 33, 35), car il est évident que, par les filtres fins dans les feuilles et sur toute la surface du corps de la plante, il y a des sucs ou fluides d'une espèce particulière qui sont aspirés et séparés de la masse commune d'air et de lumière ; et que l'esprit le plus élaboré, d'où dépendent le caractère ou vertu distinctive et les propriétés de la plante, est d'une nature lumineuse (Sect. 37, 43) et volatile, étant perdu ou s'échappant dans l'air ou dans l'éther à partir des huiles essentielles et des eaux odoriférantes, sans diminution sensible du sujet.

216. Tout comme différentes sortes de lumière ou feu sécrétés produisent différentes essences, vertus ou propriétés spécifiques, de même, différents degrés de chaleur produisent aussi différents effets. Ainsi, un degré de chaleur empêche le sang de se coaguler, et un autre degré coagule le sang. Ainsi, on observe qu'un feu plus violent libère et emporte cette lumière même qu'un feu plus modéré avait introduite et fixée dans le régule d'antimoine calciné. De même, une sorte ou quantité de cet esprit igné ou éthéré peut être appropriée et favorable aux esprits d'un homme, tandis qu'une autre peut être nuisible.

217. Et l'expérience montre que cela est vrai. En effet, l'esprit fermenté de vin ou d'autres liqueurs produit des motions irrégulières, et des dépressions consécutives dans les esprits animaux ; tandis que l'esprit lumineux logé et détenu dans le baume natif des pins et des sapins est d'une nature si douce et si bénigne et si proportionnée à la condition humaine, qu'il réchauffe sans brûler, qu'il réconforte sans enivrer, et qu'il produit une joie calme et durable comme l'effet de bonnes nouvelles, sans cet effondrement de l'humeur, qui est l'effet consécutif à l'usage de tous les cordiaux fermentés. Je puis ajouter, sans aucun autre inconvénient, sinon que, comme tout autre remède, on peut en prendre en trop grande quantité pour un estomac délicat : dans ce cas, il peut être bon de diminuer la dose, et d'en prendre seulement une fois en vingt-quatre heures, à jeun, au moment de se coucher (c'est à ce moment qu'on le trouve le plus inoffensif), ou même d'arrêter d'en prendre pendant quelque temps, jusqu'à ce que la nature semble en désirer ardemment, et se réjouir de son esprit doux et réconfortant.

218. L'eau de goudron, servant de véhicule à cet esprit, est à la fois diurétique et diaphorétique, mais elle semble opérer son effet principal en aidant la *vis vitae*, en tant qu'altératif et cordial, permettant à la nature, par l'admission d'un esprit approprié, d'assimiler ce qui ne peut être assimilé par sa propre force, et d'atténuer ainsi le *fomes morbi*. Et cela devrait sembler, dans la plupart des cas, la meilleure et la plus sûre chose à faire. De grandes évacuations affaiblissent la nature tout autant que la maladie. Et on peut craindre que ceux qui usent de salivation et de fortes saignées, ne puissent de toute leur vie, bien qu'ils se guérissent de la maladie, se remettre des remèdes.

219. Il est vrai, certes, que, dans les cas chroniques, on a besoin de temps pour parfaire une guérison ; et pourtant je sais que cette eau de goudron se révèle, dans les affections des poumons et de l'estomac, un remède très rapide, et qu'elle apaise en un instant l'anxiété et la brûlure de la fièvre, rendant au malade aise et courage. Cela, je l'ai souvent éprouvé, et non sans surprise, quand je voyais ces effets salutaires suivre si rapidement, lors d'une fièvre, le fait de prendre un verre d'eau de goudron. Telle est la force de ces principes actifs et vivifiants, contenus dans ce baume.

220. La force ou puissance, à parler strictement, se trouve dans l'Agent seul qui communique une force équivoque au feu élémentaire invisible ou esprit animal du monde (Sect. 153, 156, 157), et celle-ci au corps igné ou flamme visible, qui produit la sensation de lumière et de chaleur. Dans cette chaîne, on admet que le premier et le dernier anneau sont incorporels : les deux anneaux intermédiaires sont corporels, vu qu'ils sont capables de mouvement, de raréfaction, de gravité et d'autres qualités des corps. Il convient de distinguer ces choses, afin d'éviter l'ambiguïté concernant la nature du feu.

221. Sir Isaac Newton, dans son *Optics*[91], demande : « Le feu n'est-il pas un corps chauffé à tel point qu'il émet abondamment de la lumière ? En effet », ajoute-t-il, « qu'est-ce qu'un fer porté au rouge sinon du feu ? » Or, il semblerait que définir le feu par la chaleur, c'est vouloir expliquer une chose par elle-même. Un corps chauffé au point d'émettre de la lumière est un corps igné, c'est-à-dire qui a du feu en lui, qui est pénétré et agité par le feu, mais qui n'est pas lui-même du

91. *Optics*, III, q. 9.

feu. Et bien qu'il puisse, au troisième sens mentionné plus haut ou sens vulgaire, passer pour du feu, il ne constitue pas cependant le pur feu élémentaire (Sect. 190), au sens second ou philosophique, tel qu'il était compris par les sages de l'antiquité, et tel qu'il se trouve rassemblé au foyer d'une lentille ; et il constitue encore beaucoup moins la *vis,* force ou puissance de combustion, destruction, calcination, fonte, vitrification, et production des perceptions de lumière et de chaleur. Il se trouve véritablement et réellement dans l'Agent incorporel, et non pas dans l'esprit vital de l'univers. Le mouvement, et même le pouvoir en un sens équivoque, peuvent se trouver dans ce pur esprit éthéré, qui enflamme les corps, mais qui n'est pas lui-même le corps igné, étant un instrument ou moyen (Sect. 160) par lequel l'Agent réel opère sur les corps plus grossiers.

222. Sir Isaac Newton a montré dans son *Optics*[92] que la lumière n'est pas réfléchie parce qu'elle se heurte aux corps, mais en vertu d'une autre cause. Et il lui semble probable qu'autant de rayons qui se heurtent aux parties solides des corps, ne sont pas réfléchis, mais étouffés et retenus dans les corps. Et il est certain que la grande porosité de tous les corps connus fournit de la place pour loger beaucoup de cette lumière ou feu. L'or lui-même, le plus solide de tous les métaux, semble avoir beaucoup plus de pores que de parties solides, vu l'eau qu'on presse à travers dans l'expérience de Florence[93], les effluves magnétiques qui passent par ses pores, et le mercure qui y entre si librement. Et on admet que l'eau, bien qu'on ne puisse la comprimer, a au moins quarante fois plus de pores que de parties solides. Et tout comme les particules acides, jointes à celles de la terre selon certaines proportions, sont si étroitement unies à elles qu'elles sont tout à fait cachées et qu'on les perd tout à fait de vue, comme dans le *mercurius dulcis* et le soufre ordinaire, ainsi peut-on concevoir que les particules de lumière ou feu sont absorbées et cachées dans des corps plus grossiers.

223. Sir Isaac Newton[94] pense que quelque chose d'inconnu demeure *in vacuo,* lorsque l'air est épuisé. Il appelle éther ce milieu inconnu. Il suppose qu'il est plus subtil dans sa nature, et plus rapide dans son mouvement que la lumière,

92. *Id.*, II, 3e partie, prop. 8.
93. Cf. Locke, *Essay*, Livre II, ch. 4, Sect. 4.
94. *Optics*, III, q. 18.

qu'il s'infiltre librement dans tous les corps, et que, en vertu de son élasticité illimitée, il s'étend à travers les cieux tout entiers. On suppose que sa densité est plus grande dans les espaces libres et ouverts qu'à l'intérieur des pores des corps compacts. Et en passant des corps célestes à de grandes distances, on suppose qu'il devient continuellement de plus en plus dense, et qu'il fait par là graviter ces grands corps l'un vers l'autre, et leurs parties respectives vers leurs centres, chaque corps tentant de passer des parties plus denses du milieu aux plus rares.

224. L'extrême petitesse des parties de ce milieu, et la vélocité de leur mouvement, jointes à sa gravité, à sa densité et à sa force élastique en font, pense-t-on, la cause de tous les mouvements naturels de l'univers. On attribue à cette cause la gravité et la cohésion des corps. On pense aussi que la réfraction de la lumière procède de la densité et de la force élastique différentes de ce milieu éthéré en différents endroits. On suppose que les vibrations de ce milieu, s'ajoutant aux mouvements des rayons de lumière et s'opposant à eux tour à tour, produisent les phases de réflexion et de transmission aisées. On pense que la lumière, par les vibrations de ce milieu, communique la chaleur aux corps. On explique aussi le mouvement et la sensation chez les animaux par les mouvements vibratoires de ce milieu éthéré, propagés par les capillaires solides des nerfs. En un mot, tous les phénomènes et toutes les propriétés du corps qui étaient attribués auparavant à l'attraction, semblent en dernière analyse imputés à cet éther, ainsi que les diverses attractions elles-mêmes.

225. Mais, dans la philosophie de Sir Isaac Newton[95], les accès (ainsi qu'on les appelle) de transmission et de réflexion aisées semblent aussi bien expliqués par les vibrations produites dans les corps par les rayons de lumière, et la réfraction de la lumière par l'attraction des corps. Expliquer les vibrations de la lumière par celles d'un milieu plus subtil semble une explication maladroite. Et la gravité ne semble pas être un effet de la densité et de l'élasticité de l'éther ; elle semble plutôt être produite par une autre cause : Sir Isaac insinue lui-même que telle fut l'opinion même de ces anciens qui considérèrent le vide, les atomes et la gravité des atomes comme les principes de leur philosophie, attribuant tacitement

95. *Id.*, III, q. 28.

la gravité (comme il l'observe à juste titre) à une autre cause, distincte de la matière, des atomes et, par suite, de cet éther homogène ou fluide élastique. On suppose que l'élasticité de ce fluide dépend de sa densité, et qu'elle est définie et mesurée par elle ; et celle-ci par la quantité de matière dans une seule particule, multipliée par le nombre de particules contenues dans un espace donné ; et que la quantité de matière dans une particule ou dans un corps d'une taille donnée est déterminée par sa gravité. La gravité ne devrait-elle pas alors apparaître comme la propriété originelle et la première à supposer ? D'autre part, si l'on tient la force pour séparée de la gravité et de la matière, et comme existant seulement en des points ou centres, à quoi cela équivaut-il, sinon à une force abstraite, spirituelle, incorporelle ?

226. Il ne semble pas nécessaire, d'après les phénomènes, de supposer un milieu plus actif et plus subtil que la lumière ou feu. Puisqu'on attribue à la lumière une vélocité d'environ dix millions de milles à la minute, quel besoin y a-t-il de concevoir un autre milieu composé de parties encore plus petites et encore plus mobiles ? La lumière ou feu semble la même chose que l'éther. Ainsi les anciens comprirent-ils les choses, et telle est l'implication du terme grec. Elle s'infiltre en toutes choses (Sect. 157), elle est présente partout. Et ce même milieu subtil, selon ses quantités, mouvements et déterminations diverses, se manifeste dans des effets ou apparences diverses, et se trouve être éther, lumière ou feu.

227. Les particules d'éther se séparent avec la plus grande force ; par suite, lorsqu'elles sont unies, elles doivent (selon la doctrine newtonienne) s'attirer avec la plus grande force ; par suite, ce sont des acides, ou elles constituent l'acide (Sect. 130) ; mais celui-ci, uni aux parties terreuses, forme l'alcali, comme l'enseigne Sir Isaac dans son petit traité *De Acido*[96] ; l'alcali, comme on le voit dans les cantharides et dans les sels lixiviels, est un caustique ; les caustiques sont du feu ; donc l'acide est du feu : donc l'éther est du feu ; et s'il est feu, il est lumière aussi. Nous ne sommes donc pas obligés d'admettre un nouveau milieu, distinct de la lumière, et d'une substance plus fine et plus délicate, pour l'explication de phénomènes qui semblent tout aussi bien expliqués sans lui. Comment la densité ou l'élasticité de l'éther peuvent-elles

96. Le titre exact est *De natura acidorum*.

expliquer le vol rapide d'un rayon de lumière venant du soleil, et qui devient encore plus rapide à mesure qu'il s'éloigne du soleil ? Ou bien, comment peut-il expliquer les mouvements et attractions diverses des différents corps ? Pourquoi l'huile et l'eau, le mercure et le fer se repoussent-ils, ou pourquoi d'autres corps s'attirent-ils ? Ou pourquoi une particule de lumière devrait-elle repousser d'un côté et attirer de l'autre, comme dans le cas du cristal d'Islande ? [97] Expliquer la cohésion par des atomes crochus, c'est expliquer *ignotum per ignotius*. Et n'en va-t-il pas de même si l'on explique la gravité des corps par l'élasticité de l'éther ?

228. C'est une chose que d'arriver à des lois générales de la nature à partir de la contemplation des phénomènes, et c'en est une autre de formuler des hypothèses, et d'en déduire les phénomènes. Ceux qui ont supposé des épicycles, et qui ont expliqué ainsi les mouvements et les apparences des planètes, ne peuvent donc être censés avoir découvert des principes vrais en fait et dans la nature. Et, bien qu'on puisse à partir des prémisses inférer la conclusion, il ne s'ensuit point qu'on puisse raisonner réciproquement, et inférer les prémisses à partir de la conclusion. Par exemple, supposons un fluide élastique, dont les minuscules parties constituantes sont équidistantes les unes des autres, et de densités et de diamètres égaux ; supposons aussi qu'elles s'éloignent les unes des autres sous l'influence d'une force centrifuge inverse de la distance des centres ; et admettons que, d'une telle supposition, il doive s'ensuivre que la densité et la force élastique d'un tel fluide sont en proportion inverse de l'espace qu'il occupe quand il est comprimé par une force ; on ne peut toutefois en inférer réciproquement qu'un fluide doté de cette propriété doive par suite se composer de telles particules supposées égales ; car il s'ensuivrait alors que les parties constituantes de l'air sont de densités et de diamètres égaux ; alors qu'il est certain que l'air est une masse hétérogène, contenant dans sa composition une variété infinie d'exhalaisons, venues des différents corps qui composent ce globe de terres et de mers.

229. Les phénomènes de la lumière, de l'esprit animal, du mouvement musculaire, de la fermentation, de la végétation et d'autres opérations naturelles, ne semblent requérir rien de

97. Spath d'Islande.

plus que le feu intellectuel et artificiel d'Héraclite, d'Hippocrate, des Stoïciens (Sect. 166, 168), et d'autres anciens. L'intellect, surajouté à l'esprit, feu ou lumière éthérée, meut, et meut régulièrement, procédant avec méthode, selon l'expression des Stoïciens, ou accroissant et diminuant avec mesure, selon celle d'Héraclite. Les Stoïciens soutenaient que le feu comprenait et incluait les raisons ou formes spermatiques (λόγους σπερματικούς)[98] de toutes les choses naturelles. De même que les formes des choses ont leur existence idéale dans l'intellect, ainsi semblerait-il que les principes séminaux ont leur existence naturelle dans la lumière (Sect. 164), milieu qui se compose de parties hétérogènes, différant les unes des autres par diverses qualités qui apparaissent aux sens, et qui a vraisemblablement bien des propriétés, attractions, répulsions et motions originales, dont les lois et les natures sont indiscernables pour nous autrement que dans leurs effets éloignés. Et ce feu animé et hétérogène semblerait une cause plus adéquate par laquelle expliquer les phénomènes de la nature, qu'un seul milieu uniforme et éthéré.

230. Certes, Aristote rejette la théorie selon laquelle les éléments seraient animés. Pourtant, rien n'empêche que la puissance de l'âme appelée par lui κινητική, ou locomotive ne réside en eux, sous la direction d'un Intellect, au sens propre où l'on dit qu'elle réside dans les corps animaux. On doit néanmoins admettre que, bien que ce philosophe reconnaisse une force ou énergie divine dans le feu, il lui semble toutefois également absurde de dire que le feu est vivant, ou que, ayant une âme, il ne devrait pas être vivant. Voyez son livre deux *De Partibus Animalium.*

231. On doit considérer les lois de l'attraction et de la répulsion comme des lois du mouvement ; et celles-ci seulement comme des règles ou méthodes observées dans la production des effets naturels, dont les causes efficientes et finales ne portent pas sur des considérations mécaniques[99]. A n'en pas douter, si expliquer un phénomène consiste à lui assigner une cause efficiente et une cause finale qui lui soient propres (Sect. 154, 155, 160), il semblerait que les philosophes mécanistes n'aient jamais rien expliqué ; leur domaine étant seulement de découvrir les lois de la nature, c'est-à-dire les

98. Diogène Laërce, VII, 136, 139.
99. Cf. *De motu*, Sect. 22, 35-37, 41 ; *Principles,* Sect. 62, 107.

règles générales et les méthodes de mouvement, et d'expliquer les phénomènes particuliers en les réduisant à de telles règles générales, ou en montrant leur conformité à celles-ci.

232. Certains philosophes atomistes du siècle dernier ont certes essayé d'expliquer la formation de ce monde et ses phénomènes par quelques lois simples de mécanisme. Mais si nous considérons les diverses productions de la nature, dans les parties minérale, végétale et animale de la création, nous y verrons raison d'affirmer, me semble-t-il, qu'aucune d'entre elles n'a jamais été jusqu'ici, ni ne peut être expliquée par recours à des principes purement mécaniques ; et que rien ne pourrait être plus vain et plus imaginaire que de supposer avec Descartes que simplement en vertu de l'application d'un mouvement circulaire par l'Agent suprême aux particules de la substance étendue, le monde tout entier, avec toutes ses diverses parties, ses accessoires et ses phénomènes, puisse être produit par conséquence nécessaire à partir des lois du mouvement.

233. D'autres supposent que Dieu fit davantage au commencement, ayant alors créé les semences de tous les végétaux et de tous les animaux, contenant en miniature leurs parties solides et organiques, dont le remplissement et l'évolution, par l'influx de sucs appropriés, constituent la génération et la croissance d'un corps vivant. En sorte que la structure artificielle des plantes et des animaux engendrés quotidiennement ne requiert aucun exercice présent de l'art pour la produire, ayant été déjà formée à l'origine du monde, qui, avec toutes ses parties, a subsisté depuis lors, fonctionnant par lui-même, comme une horloge ou une machine, selon les lois de la nature, sans l'intervention immédiate de l'artiste. Mais comment cette hypothèse peut-elle expliquer les traits mêlés des diverses espèces chez les mulets et autres métis ? Ou les parties ajoutées ou changées, et quelquefois les membres entiers perdus, par des marques reçues dans l'utérus ? Ou comment peut-elle expliquer la résurrection d'un arbre à partir de sa souche, ou la puissance végétative dans ses boutures ? Dans ces cas, il nous faut de toute nécessité concevoir quelque chose de plus que la simple évolution d'une semence.

234. Les lois mécaniques de la nature ou du mouvement dirigent notre action, et nous enseignent à quoi nous attendre. Là où préside l'intellect, il y aura méthode et ordre, et donc des règles, qui, si elles n'étaient pas énoncées et constantes,

cesseraient d'être des règles. Il y a donc une constance dans les choses, nommée Cours de la Nature (Sect. 160). Tous les phénomènes de la nature sont produits par le mouvement. Un fonctionnement uniforme se révèle dans les grandes et dans les petites choses, par le jeu de forces d'attraction et de répulsion. Mais les lois particulières d'attraction et de répulsion sont variées. Et les forces ne sont aucunement en cause, et nous ne pouvons les connaître ni les mesurer autrement que par leurs effets, c'est-à-dire par les mouvements ; ces mouvements seuls, et non les forces, se trouvent en réalité dans les corps (Sect. 155). Les corps sont mus l'un vers l'autre ou s'éloignent l'un de l'autre, et cela se réalise suivant des lois différentes. La philosophie naturelle ou mécanique essaie de découvrir ces lois par l'expérience et le raisonnement. Mais ce qui est dit des forces résidant dans les corps, qu'elles les attirent ou les repoussent, doit être considéré seulement comme une hypothèse mathématique, et non comme quelque chose qui existerait réellement dans la nature [100].

235. Nous ne supposerons donc pas sérieusement, avec certains philosophes mécanistes, que les parties minuscules des corps ont des forces ou puissances réelles, par lesquelles elles agiraient les unes sur les autres, selon diverses règles ou lois du mouvement. Les lois de la gravité, du magnétisme et de l'électricité sont différentes. Et on ne sait pas quelles autres règles ou lois du mouvement pourraient être établies par l'Auteur de la nature. Certains corps s'attirent, d'autres se repoussent, et d'autres encore ne font peut-être ni l'un ni l'autre [1]. Quand le sel de tartre coule *per deliquium,* il est visible que les particules d'eau flottant dans l'air sont mues vers les particules de sel, et jointes à elles. Et quand nous voyons que le sel ordinaire ne coule pas *per deliquium,* ne pouvons-nous pas conclure que la même loi de nature et de mouvement ne vaut pas entre ses particules et celles des vapeurs flottantes ? Une goutte d'eau prend une forme ronde, parce que ses parties se meuvent les unes vers les autres. Mais les particules d'huile et de vinaigre n'ont aucune disposition semblable à s'unir. Et quand les mouches marchent dans l'eau sans se mouiller les pattes, on attribue ce fait à une force ou faculté de répulsion dans les pattes de la mouche. Mais cela est obscur, bien que le phénomène soit évident.

100. Cf. *De motu,* Sect. 17, 71.
1. Cf. *Principles,* Sect. 106.

236. Il n'est pas improbable, et cela semble confirmé par l'expérience, que, comme en algèbre, où les quantités positives cessent là où commencent les négatives, il en va de même en mécanique, où les forces d'attraction cessent là où commencent les forces de répulsion ; ou (pour exprimer cela plus correctement) là où les corps cessent de se mouvoir les uns vers les autres, ils commencent à s'éloigner les uns des autres. Sir Isaac Newton infère cela de la production de l'air et des vapeurs, dont les particules se séparent avec une force si véhémente. Nous voyons le fer se mouvoir vers la pierre d'aimant, la paille vers l'ambre, et les corps pesants vers la terre. Les lois de ces mouvements sont variées. Et quand on dit que tous les mouvements et tous les changements dans le grand monde naissent de l'attraction : l'élasticité de l'air, le mouvement de l'eau, la tombée des corps pesants et la montée de ceux qui sont légers, tout étant attribué au même principe ; quand, des attractions insensibles des particules les plus petites à la distance la plus petite, sont dérivées la cohésion, la dissolution, la coagulation, la sécrétion animale, la fermentation et toutes les opérations chimiques ; et quand on dit que, sans de tels principes, il n'y aurait jamais eu de mouvement dans le monde, et que, sans la permanence de ceux-ci, tout mouvement cesserait ; en tout cela, nous ne connaissons ou comprenons rien de plus que le fait que les corps sont mus suivant un certain ordre, et qu'ils ne se meuvent pas eux-mêmes.

237. De même, comment expliquer tous ces mouvements et effets divers par la densité et l'élasticité de l'éther semble incompréhensible (Sect. 153, 162). Par exemple, pourquoi les particules acides devraient-elles attirer celles de l'eau, et se repousser les unes les autres ? Pourquoi certains sels devraient-ils attirer les vapeurs de l'air, et d'autres non ? Pourquoi les particules de sel ordinaire se repoussent-elles, en sorte qu'elles ne tombent pas au fond de l'eau ? Pourquoi les particules les plus répulsives devraient-elles être les plus attirantes au toucher ? Ou pourquoi les facultés de répulsion devraient-elles commencer là où cessent les facultés d'attraction ? Ces effets, et d'autres innombrables, semblent inexplicables à partir de principes mécaniques, ou autrement que par recours à un esprit ou agent spirituel (Sect. 154, 220). Il ne suffira pas davantage, à partir des phénomènes et des effets présents, par une chaîne de causes naturelles et d'agents subordonnés aveugles, de remonter à un Intellect divin, cause originelle éloignée, qui a

d'abord créé le monde, puis l'a mis en marche[2]. Nous ne pouvons faire le moindre pas dans l'explication des phénomènes sans admettre la présence immédiate et l'action immédiate d'un Agent incorporel, qui relie, meut et dispose toutes choses selon les règles et aux fins qui Lui sont bonnes.

238. C'est une ancienne opinion, adoptée par les modernes, que les éléments et les autres corps naturels se changent les uns dans les autres (Sect. 148). Maintenant, vu que les particules des différents corps sont agitées par différentes forces d'attraction et de répulsion, ou, pour parler plus précisément, sont mues par différentes lois, comment ces forces ou lois peuvent-elles être changées, et comment ce changement peut-il être expliqué par un éther élastique ? Un tel milieu — distinct de la lumière ou feu — ne semble pas être établi par preuve, et ne semble être d'aucune utilité dans l'explication des phénomènes. Mais s'il existe un milieu employé comme cause subordonnée ou instrument dans l'attraction, il semblerait plutôt que ce fût la lumière (Sect. 152, 156) ; puisque, d'après une expérience de Mr. Boyle, l'ambre, qui ne montre aucun signe d'attraction à l'ombre, attire immédiatement les corps légers, lorsqu'on la place au soleil. En outre, Sir Isaac Newton a découvert[3], et quelle admirable découverte ce fut, que la lumière est un milieu hétérogène (Sect. 40, 181), composé de particules douées de propriétés originales et distinctes. Et, si je puis me hasarder à donner mes propres conjectures, il semble probable que c'est sur elles que reposent les propriétés spécifiques des corps, et la force des remèdes spécifiques. Des différents côté du même rayon, l'un attire, et l'autre repousse le cristal d'Islande : cela peut-il être expliqué par l'élasticité d'un milieu subtil, ou par les lois générales du mouvement, ou par des principes mécaniques, quels qu'ils soient ? Et s'il n'en est pas ainsi, qu'est-ce qui pourrait empêcher qu'il puisse y avoir des remèdes spécifiques, dont l'opération ne dépende pas de principes mécaniques, quelles qu'aient été les réfutations récentes de cette notion ?

239. Pourquoi ne peut-on supposer certaines idiosyncrasies, certaines sympathies, certaines oppositions dans les solides, ou dans les fluides, ou dans l'esprit animal d'un corps humain, en ce qui concerne les fines parties insensibles des minéraux ou

2. Cf. *Id.*, Sect. 46.
3. *Optics*, I, prop. 2.

des végétaux, imprégnées par des rayons de lumière aux propriétés diverses, ne dépendant point de la taille, figure, nombre, solidité ou poids divers de ces particules, ni des lois générales du mouvement, ni de la densité ou élasticité d'un milieu, mais simplement et fondamentalement du bon plaisir du Créateur, dans la formation originelle des choses ? A partir de là, divers mouvements, inexplicables et imprévisibles, peuvent naître dans l'économie animale ; à partir de là aussi, on peut concevoir différentes vertus particulières et spécifiques, qui résideraient dans certains remèdes, et qui ne seraient pas expliquées par des principes mécaniques. En effet, bien qu'on doive penser que les lois générales du mouvement que nous avons découvertes, sont mécaniques, les mouvements particuliers des parties imperceptibles, et les propriétés particulières qui en dépendent, sont toutefois occultes et spécifiques.

240. En conformité à l'usage, on peut se servir des termes attraction et répulsion là où, à parler strictement, on ne veut parler que de mouvement. Et, en ce sens, on peut dire que les attractions ou répulsions particulières dans les parties sont accompagnées de propriétés spécifiques dans les touts. Les particules de la lumière sont attirées ou repoussées, retenues ou rejetées avec force par les objets : ce qui revient à dire, avec Sir Isaac Newton, que les particules des acides sont douées d'une grande force d'attraction (Sect. 202), et que leur activité consiste en celle-ci ; d'où la fermentation et la dissolution : de là vient aussi que les particules les plus répulsives au toucher sont les plus attirantes.

241. On tient la gravité et la fermentation pour deux principes extrêmement généraux. De la fermentation dérivent le mouvement et la chaleur du cœur et du sang chez les animaux, la chaleur et les feux souterrains, et les tremblements de terre, les météores et les changements dans l'atmosphère. Et que des forces d'attraction et de répulsion opèrent dans la nutrition et la dissolution des corps animaux et végétaux est la doctrine à la fois d'Hippocrate et de Sir Isaac Newton. Le premier de ces célèbres auteurs, dans son traité *De la diète* ou *Du régime* [4], observe que, dans la nutrition chez l'homme, une partie repousse, et l'autre attire. Et, de plus, dans le même traité, deux charpentiers, dit-il, virent un morceau de bois : l'un titre, l'autre pousse : ces deux actions tendent à une seule et même fin, bien qu'elles s'exercent dans une direction contraire, l'une vers le

4. *Du régime*, I, 6.

haut, et l'autre vers le bas : cela imite la nature de l'homme : πνεῦμα τὸ μὲν ἕλκει τὸ δὲ ὠθέει. [5].

242. C'est une maxime générale chez Hippocrate que la manière selon laquelle agit la nature consiste à attirer ce qui est approprié et bon, et à repousser ce qui est désagréable ou nuisible. Il considère que l'ensemble de l'économie animale est administrée par les facultés ou puissances de la nature. La nature seule, dit-il, suffit à tous les besoins des animaux. Elle sait par elle-même ce qui leur est nécessaire. A partir de là, il est évident qu'il entend signifier une nature consciente et intelligente, qui dirige et meut l'esprit éthéré. Et bien qu'il déclare que toutes choses s'accomplissent en l'homme par nécessité, il ne s'agit pas cependant d'un destin aveugle ou chaîne de causes purement corporelles, mais d'une nécessité divine, pour reprendre sa propre expression [6]. Et qu'est-ce que cela, sinon une puissance intelligente, qui gouverne et dispose toutes choses ?

243. L'attraction ne peut produire, et, en ce sens, expliquer les phénomènes, car elle est elle-même un des phénomènes produits et qu'il faut expliquer (Sect. 160, 235). L'attraction s'accomplit en vertu de différentes lois naturelles, et ne peut donc, dans tous les cas, être l'effet de l'élasticité d'un seul milieu uniforme. Les phénomènes des corps électriques, les lois et les variations du magnétisme, et, pour ne pas mentionner d'autres espèces, la gravité elle-même, ne s'expliquent pas par l'élasticité, phénomène non moins obscur que celle-là. Mais alors, bien que cela ne révèle pas l'agent, cela montre toutefois une règle et une analogie dans la nature, en vertu de laquelle les parties solides des animaux sont douées de pouvoirs d'attraction par lesquels elles extraient des fluides contigus des éléments semblables ; cela montre aussi que les glandes ont des pouvoirs particuliers pour attirer des sucs particuliers (Sect. 41). La nature semble être mieux connue et mieux expliquée par les attractions et les répulsions que par ces principes mécaniques de taille, de figure, et autres ; c'est-à-dire, par Sir Isaac Newton, que par Descartes. Et les philosophes de la nature excellent, vu qu'ils sont plus ou moins familiers avec les lois et les méthodes observées par l'Auteur de la nature.

244. La taille et la forme des particules et des lois générales du mouvement ne peuvent jamais expliquer les sécrétions sans

5. *Id.*, I, 7 et 16.
6. *Id.*, I, 6.

recours à l'attraction, qui, sans doute, est obscure dans sa cause, mais claire en tant que loi. On pourrait en donner d'innombrables exemples. Lémery le jeune[7] se crut obligé de supposer que les particules de lumière ou feu (à l'encontre du bon sens) sont d'une espèce très grosse, même plus grandes que les pores de la pierre à chaux brûlée, afin d'expliquer le fait qu'elles y sont détenues ou emprisonnées ; mais ce phénomène se réduit facilement à l'attraction. On n'en finirait pas d'énumérer des cas semblables. L'activité et la force de l'esprit éthéré ou feu se communiquent par les lois de l'attraction aux particules plus grosses (Sect. 152, 163), et soutient ainsi de façon merveilleuse l'économie des corps vivants. Par de telles compositions et attractions particulières, semble se produire le fait que les fluides plus denses peuvent passer là où l'air lui-même ne le peut (comme l'huile à travers le cuir), et donc à travers les filtres les plus délicats et les plus fins d'un animal ou d'un végétal.

245. Les anciens avaient quelque idée des puissances d'attraction et de répulsion vues commes principes naturels (Sect. 241, 242). Galilée avait spécialement étudié l'attraction de la gravité, et il en avait, dans une certaine mesure, découvert les lois. Mais Sir Isaac Newton, par sa pénétration singulière, par sa connaissance approfondie de la géométrie et de la mécanique, et par la grande exactitude de ses expériences, a jeté une lumière nouvelle sur les sciences de la nature[8]. Les lois de l'attraction et de la répulsion furent, en de nombreux cas, découvertes, et découvertes pour la première fois, par lui. Il a montré leur application générale, et grâce à celle-ci, comme on le fait avec une clef, il a ouvert plusieurs profonds secrets de la nature, dans la connaissance desquels il semble avoir fait plus de progrès que toutes les sectes d'atomistes mises ensemble n'en avaient réalisé avant lui. Néanmoins, le principe lui-même de l'attraction ne doit pas être expliqué par des causes physiques ou corporelles.

246. Les cartésiens essayèrent de l'expliquer par le nisus d'un élément subtil, qui s'éloigne du centre de son mouvement, et qui pousse vers lui les corps plus gros. Sir Isaac Newton, dans la forme dernière de sa pensée, semble (comme on l'a déjà noté) avoir adopté quelque chose qui ressemble un peu à cette notion, lorsqu'il a attribué à son milieu élastique (Sect. 237, 238) ce que Descartes attribuait à son deuxième élément. Mais

7. Jacques Lémery, dit le Jeune (1678-1721). Ses Mémoires ont été insérés dans le *Recueil de l'Académie des Sciences*.

8. Cf. *Principles* (1re éd.), Sect. 110.

les grands hommes de l'antiquité réduisaient la gravité à l'action immédiate d'un être intelligent et incorporel. Ce qu'atteste Sir Isaac Newton lui-même, et ce à quoi il souscrit[9]; encore qu'il puisse parfois donner l'impression qu'il s'oublie lui-même dans sa manière de parler des agents physiques, qui, au sens strict, n'existent point, et lorsqu'il suppose que des forces réelles se trouvent dans les corps, dans lesquels, pour s'exprimer avec exactitude, l'attraction et la répulsion devraient être considérées seulement comme des tendances ou mouvements, c'est-à-dire comme de simples effets, et leurs lois comme des lois du mouvement.

247. Bien qu'on suppose que la tâche principale de la philosophie naturelle soit de décrire les causes à partir de leurs effets, on ne doit pas toutefois comprendre cela des agents (Sect. 155), mais des principes, c'est-à-dire des parties composantes, en un sens, ou de la loi ou des règles, en un autre. A parler strictement, tous les agents sont incorporels, et, comme tels, ils ne relèvent pas véritablement de la physique. Par suite, l'astronome, le mécanicien ou le chimiste, traitent, non pas en tant que tels, mais par accident seulement, des causes, des agents ou des efficients réels. Il ne semble pas non plus, comme le supposent les plus grands philosophes mécanistes, que la véritable manière de procéder dans leur science soit de passer de l'étude des mouvements connus dans la nature à celle des forces de mouvement ; dans la mesure où la force n'est pas corporelle, et où elle n'appartient pas à une chose corporelle (Sect. 220) pas encore découverte par l'expérience ni le raisonnement mathématique, qui ne vont pas au-delà des effets discernables, et des mouvements dans les choses passives et mues.

248. La *vis* ou force est à l'âme ce que l'extension est au corps, dit saint Augustin dans son petit traité *De la quantité de l'âme*[10] ; et sans force, rien ne se fait, rien n'est produit, et, par suite, il ne peut y avoir d'agent. L'autorité n'a pas à trancher en ce cas. Que chacun consulte ses propres notions et sa propre raison, aussi bien que l'expérience, en ce qui concerne l'origine du mouvement, et les natures, les propriétés et les différences respectives de l'âme et du corps, et il percevra avec évidence, si je ne me trompe, qu'il n'y a rien d'actif en celui-ci. Il n'y a pas davantage d'agents naturels ni de forces corporelles qui

9. *Optics*, III, 1re partie, q. 31.
10. *De quantitate animae*, c. 17, xxx (Migne, *Patrologie latine*, t. I, p. 1052 b).

font adhérer les unes aux autres les particules des corps. Et ce n'est pas l'affaire de la philosophie expérimentale de les découvrir.

249. La philosophie mécanique, comme on l'a déjà observé, s'enquiert avec raison des règles et des modes de la seule opération, et ne traite point de la cause ; attendu que rien de mécanique n'est ni ne peut réellement être une cause (Sect. 236, 247). Et bien qu'un philosophe qui traite de mécanique ou de mathématiques puisse parler d'espace absolu, de mouvement absolu, et de force comme existant dans les corps, causant ce mouvement et proportionnelle à lui ; toutefois, ce que sont ces forces qu'on suppose logées dans les corps, imprimées aux corps, multipliées, divisées, et communiquées d'un corps à l'autre, et qui semblent animer les corps comme les esprits abstraits ou âmes, les penseurs ont trouvé très difficile, sinon impossible de le concevoir et de l'expliquer ; on peut le voir si l'on consulte Borellus, *De vi percussionis,* et Torricelli dans ses *Lezioni Academiche,* parmi d'autres auteurs.

250. Et, si l'on considère le penchant qu'a l'humanité de prendre pour réelles leurs notions, il ne semblera pas étrange que les philosophes traitant de mécanique et les géomètres soient, comme les autres hommes, égarés par leurs préjugés, et prennent les hypothèses mathématiques pour des êtres réels existant dans les corps, au point même de donner pour but et fin à leur science la computation et la mesure de ces fantômes ; alors qu'il est bien certain que rien, en vérité, ne peut être mesuré [a] ni computé sinon les effets ou mouvements eux-mêmes. Sir Isaac Newton demande [11] : Est-ce que les parties minuscules des corps ne possèdent pas certaines forces ou puissances par lesquelles elles agissent les unes sur les autres, aussi bien que sur les particules de lumière, pour produire la plupart des phénomènes de la nature ? Mais, en réalité, ces toutes petites particules sont seulement agitées selon certaines lois de la nature, par un autre agent, dans lequel existe la force, et non pas en elles, qui ont seulement le mouvement ; ce mouvement du corps a conduit les péripatéticiens à penser à bon droit qu'il est une pure passion, mais que, dans le moteur, il est ἐνέργεια ou acte.

a. Ce sujet est traité tout au long dans mon petit traité latin *De motu,* publié il y a plus de vingt ans.

11. *Optics,* III, 1re partie, q. 31.

251. Beaucoup acceptent, je ne sais comment, que les principes de la mécanique fournissent une claire solution des phénomènes. L'hypothèse de Démocrite, dit Dr. Cudworth [12], résout les phénomènes beaucoup plus élégamment et beaucoup plus intelligemment que celle d'Aristote et de Platon. Mais, si l'on considère les choses avec exactitude, on s'apercevra peut-être qu'elle ne résout pas le moindre phénomène ; car tous les phénomènes sont, à parler véritablement, des apparences dans l'âme ou esprit ; et on n'a jamais expliqué, et on ne peut expliquer comment les corps, les figures et les mouvements extérieurs produisent une apparence dans l'esprit. Par suite, ces principes ne résolvent pas, si, par résoudre, on veut dire assigner la cause réelle, soit efficiente soit finale, des apparences, mais ils les réduisent seulement à des règles générales.

252. Il y a une certaine analogie, une certaine constance et une certaine uniformité dans les phénomènes ou apparences de la nature, qui sont le fondement des règles générales : et celles-ci sont une grammaire [13] pour la compréhension de la nature, ou de cette série d'effets dans le monde visible, par laquelle nous sommes capables de prévoir ce qui arrivera dans le cours naturel des choses. Plotin observe, dans sa troisième *Ennéade* [14], que l'art des présages est en quelque sorte la lecture de lettres naturelles qui expriment l'ordre, et que, dans la mesure où l'analogie vaut de l'univers, il peut y avoir vaticination. Et, en réalité, on peut dire que celui qui prédit le mouvement des planètes, ou l'effet des remèdes, ou le résultat d'expériences chimiques ou mécaniques, le fait par vaticination naturelle.

253. Nous connaissons une chose quand nous la comprenons ; et nous la comprenons quand nous pouvons l'interpréter ou dire ce qu'elle signifie. Strictement, les sens ne connaissent rien. Certes, nous percevons des sons par l'ouïe, et des caractères par la vue ; mais on ne dit pas pour autant que nous les comprenons. De même, les phénomènes de la nature sont également visibles à tous ; mais tous n'ont pas également appris la connexion des choses naturelles, ni ne comprennent ce qu'elles signifient, ni ne savent comment vaticiner en les utilisant. Il n'y a aucun problème, dit Socrate dans le *Théétète,* concernant ce qui est agréable à chaque personne, mais concernant ce qui

12. *True intellectual System,* 1678, I, i, 45.
13. Cf. *Principles,* Sect. 108.
14. *Ennéades,* III, iii, 6.

sera agréable à l'avenir, de quoi tous les hommes ne sont pas également juges. Celui qui prévoit ce qui sera en chaque espèce est le plus sage. Selon Socrate [15], vous et le cuisinier pouvez juger également bien d'un plat qui se trouve sur la table, mais, pendant la préparation du plat, le cuisinier est mieux en mesure de prédire ce qui résultera de telle ou telle manière de le composer. Et cette manière de raisonner ne se limite pas seulement à la morale ou à la politique, mais elle s'étend encore aux sciences de la nature.

254. Comme la connexion naturelle qui existe entre les signes et les choses signifiées est régulière et constante, elle forme une sorte de discours naturel (Sect. 152), et elle est, par suite, l'effet immédiat d'une cause intelligente. Cela s'accorde à la philosophie de Platon et d'autres anciens. Plotin dit [16] en effet que ce qui agit naturellement n'est pas l'intellection, mais une certaine puissance de mouvoir la matière, qui ne connaît pas, mais seulement accomplit. Et on doit accorder que, comme les facultés sont multipliées par les philosophes selon leurs opérations, on peut distinguer la volonté de l'intellect [17]. Mais il ne s'ensuivra pas pour autant que la Volonté qui opère dans le cours de la nature n'est pas conduite et appliquée par un intellect, bien qu'on accorde que ni la volonté ne comprend, ni l'intellect ne veut. Par suite, les phénomènes de la nature, qui frappent les sens et qui sont compris par l'esprit, forment non seulement un spectacle magnifique, mais aussi un Discours très cohérent, très intéressant et très instructif ; et dans ce but, ils sont conduits, ajustés et ordonnés avec la plus grande sagesse. Ce Langage [18] ou Discours est étudié avec une attention différente, et interprété avec divers degrés d'habileté. Mais, dans la mesure où les hommes ont étudié et remarqué ses règles, et peuvent l'interpréter correctement, on peut dire qu'ils sont versés dans la connaissance de la nature. L'animal est comme l'homme qui entend une langue étrangère, mais ne comprend rien.

255. La nature, dit le savant Doctor Cudworth [19], n'est pas maîtresse d'art ni de sagesse : la nature est *ratio mersa et*

15. *Théétète*, 178 D.
16. *Ennéades*, II, iii, 17.
17. Cf. *Principles*, Sect. 27.
18. Cf. *Essay on Vision*, Sect. 147 ; *Principles*, Sect. 44, 66 (1re éd.), 108 (1re éd.); *Alciphron*, IV, 12.
19. *True intellectual System*, I, iii, 37.

confusa, la raison immergée et plongée dans la matière, et, pour ainsi dire, brouillée en elle, et confondue avec elle. Mais la formation des plantes et des animaux, les mouvements des corps naturels, leurs propriétés, apparences et vicissitudes diverses, en un mot, la série tout entière des choses dans ce monde visible, que nous appelons le Cours de la Nature, et si sagement gouverné et maintenu que la raison humaine la plus élevée ne peut en comprendre complètement la moindre particule ; si loin semble-t-elle d'être produite par la raison brouillée ou confuse.

256. Les productions naturelles, il est vrai, ne sont pas toutes également parfaites. Mais il ne convient ni à l'ordre des choses, ni à la structure de l'univers, ni aux fins de la Providence, qu'elles le soient. Les règles générales, nous l'avons vu (Sect. 249, 252), sont nécessaires pour rendre le monde intelligible ; et, de l'observation constante de telles règles, des maux naturels résulteront parfois inévitablement ; les choses seront produites avec lenteur dans le déroulement du temps, et elles arriveront à différents degrés de perfection[20].

257. On doit reconnaître que nous ne sommes pas conscients de la systole et de la diastole du cœur, ni du mouvement du diaphragme. On ne peut néanmoins en inférer que la nature, à son insu, peut agir avec régularité, tout comme nous-mêmes. L'inférence correcte est que l'individu doué de réflexion, ou personne humaine, n'est pas le véritable auteur de ces mouvements naturels. Et, de fait, aucun homme ne se blâme s'ils ne vont pas, ni ne se loue s'ils vont bien. On peut en dire autant des doigts d'un musicien, qui meuvent un objet par l'effet de l'habitude, qui ne comprend point ; car il est évident que ce qui est accompli en vertu d'une règle doit procéder de quelque chose qui comprend la règle ; par suite, sinon du musicien lui-même, du moins d'une autre intelligence active, la même, peut-être, que celle qui gouverne les abeilles et les araignées, et meut les membres des somnambules.

258. Les instruments, les occasions et les signes (Sect. 160) se produisent dans tout le Cours visible de la Nature, ou plutôt le constituent. Ceux-ci, n'étant pas eux-mêmes des agents, sont sous la direction d'un seul Agent, qui ordonne tout en vue d'une fin unique, le bien suprême. Tous ces mouvements, soit dans les corps animaux, soit en d'autres parties du système de la

20. Cf. *Principles,* Sect. 151 ; *Alciphron,* IV, 23 sv.

nature, qui ne sont pas des effets de volontés particulières, semblent jaillir de la même cause générale que la végétation des plantes : un esprit éthéré actué par une Intelligence.

259. Les premiers poètes et théologiens de la Grèce et de l'Orient considéraient la génération des choses comme attribuée plutôt à une cause divine, mais les *physici* l'attribuaient à des causes naturelles, subordonnées à une cause divine, et dirigées encore par elle ; sauf certains matérialistes et mécanistes, qui prétendaient vainement faire un monde sans Dieu. La force cachée qui unit, adapte et fait que toutes choses se tiennent ensemble et se meuvent avec harmonie — qu'Orphée et Empédocle appellent Amour — ce principe d'union n'est aucunement un principe aveugle, mais il agit avec l'intellect. Cet Amour et cet Intellect divins ne sont pas eux-mêmes évidents à nos yeux, ni autrement discernés que dans leurs effets. L'Intellect illumine, l'Amour relie, et le Souverain Bien attire toutes choses.

260. Toutes les choses sont faites pour le bien suprême, toutes les choses tendent vers cette fin : et on peut dire que nous expliquons une chose quand nous montrons qu'elle est ainsi pour le mieux. Dans le *Phédon* [21], Socrate déclare qu'il pense que celui qui suppose que toutes choses ont été disposées et ordonnées par un Esprit (Sect. 150, 160) ne devrait pas prétendre leur assigner une autre cause. Il blâme les physiologues d'essayer d'expliquer les phénomènes, et en particulier la gravité et la cohésion, par des tourbillons et par l'éther, oubliant le τὸ ἀγαθὸν et le τὸ δέον, le lien et ciment le plus fort, qui maintient ensemble toutes les parties de l'univers, et ne discernant pas la cause elle-même de ces choses qui l'accompagnent seulement.

261. Tout comme dans le microcosme, le cours constant et régulier des mouvements des viscères et des sucs qui y sont contenus n'empêche pas que les mouvements volontaires particuliers soient imprimés par l'intelligence à l'esprit animal ; ainsi, dans le système du monde, l'observance régulière de certaines lois de la nature dans les masses et dans les mouvements plus considérables n'empêche pas qu'un agent volontaire puisse parfois communiquer des impressions particulières au fin milieu éthéré, qui correspond dans le monde à l'esprit animal chez l'homme. Ces deux réalités (si toutefois elles sont

21. *Phédon*, 97 C. Cf. *Principles*, Sect. 107.

deux), bien qu'invisibles et inconcevablement petites, semblent pourtant les ressorts vrais et cachés par lesquels sont mues toutes les parties de ce monde visible — encore qu'on ne doive pas les tenir pour de véritables causes, mais seulement pour des instruments du mouvement, et des instruments qui sont non pas une aide pour le créateur, mais seulement un signe pour la créature.

262. Plotin suppose que l'âme de l'univers n'est pas la cause originelle ou auteur des espèces, mais qu'elle les reçoit de l'Intellect, principe véritable d'ordre et de distinction, source et donateur des formes. D'autres considèrent l'âme végétative seulement comme une faculté inférieure d'une âme plus élevée, qui anime l'esprit éthéré et igné (Sect. 178). Quant aux tâches et aux défauts qui apparaissent dans le cours de ce monde — et que certains ont considérés comme procédant d'une fatalité ou nécessité dans la nature, et d'autres, d'un principe mauvais —, ce même philosophe observe [22] que, peut-être, la Raison qui gouverne, produit et ordonne toutes ces choses ; et, ne visant pas à ce que toutes les parties soient également bonnes, elle en fait à dessein certaines pires que d'autres. Comme toutes les parties dans un animal ne sont pas des yeux : et comme dans une cité, dans une comédie ou dans un tableau, tous les rangs, tous les personnages, et toutes les couleurs ne sont pas égaux ni semblables ; ainsi, les excès, les défauts et les qualités opposées conspirent à la beauté et à l'harmonie du monde.

263. On ne peut nier que, par rapport à l'univers des choses, en cet état mortel qui est le nôtre, nous sommes semblables aux hommes éduqués dans la caverne de Platon, qui regardent des ombres, le dos tourné à la lumière. Mais, bien que notre lumière soit faible et notre situation mauvaise, pourtant, si nous faisons le meilleur usage possible de l'un et de l'autre, peut-être pourrons-nous voir quelque chose. Proclus, dans son *Commentaire sur la théologie de Platon* [23], observe qu'il y a deux sortes de philosophes. Les uns placèrent le Corps en premier lieu dans l'ordre des choses, et ils en firent dépendre la faculté de penser, supposant que les principes de toutes choses sont corporels ; que le Corps existe le plus réellement ou principalement, et toutes les autres choses, en un sens secondaire et en vertu de celui-là. D'autres, rendant toutes les choses corporelles dépendantes de l'Ame ou Esprit, pensent que celle-ci

22. *Ennéades,* III, ii, 11.
23. *Théologie platonicienne,* I, 3.

existe en premier lieu et au sens premier, et que l'être des corps, au total, dérive de celui de l'Esprit et le présuppose.

264. Les sens et l'expérience nous familiarisent avec le cours et avec l'analogie des apparences ou effets naturels. La pensée, la raison, l'intellect nous introduisent à la connaissance de leurs causes. Les apparences sensibles, bien que d'une nature fluide, instable et incertaine, ayant toutefois occupé l'esprit les premières, rendent plus difficile, par un empêchement précoce, la tâche ultérieure de la pensée ; et, comme elles amusent les yeux et les oreilles, et sont plus adaptées aux usages vulgaires et aux arts mécaniques de la vie, elles obtiennent facilement la préférence, dans l'opinion de la plupart des hommes, sur ces principes supérieurs, qui sont le développement plus tardif de l'esprit humain arrivé à la maturité et à la perfection, mais, vu qu'ils n'affectent pas les sens corporels, on les considère, dans cette mesure même, comme manquant de solidité et de réalité ; sensible et réel, dans les appréhensions ordinaires, étant la même chose ; bien qu'il soit certain que les principes scientifiques ne sont ni les objets des sens ni ceux de l'imagination, et que l'intellect et la raison sont les seuls guides sûrs qui conduisent à la vérité.

265. La curiosité, marquée au coin du succès, de l'époque actuelle, dans les arts et dans les expériences et dans les systèmes nouveaux, est propre à exalter les hommes, et à les faire négliger les anciens. Mais, encore que les encouragements et l'or des princes, et les efforts conjoints de grandes Sociétés aient naguère poussé très loin la connaissance expérimentale et mécanique, on doit toutefois reconnaître que les anciens, eux aussi, étaient conscients de bien des choses (Sect. 166, 167, 168, 241, 242, etc.), aussi bien en physique qu'en métaphysique, qui sont peut-être plus généralement connues à l'époque moderne, malgré qu'elles ne le soient pas pour la première fois.

266. Les Pythagoriciens et les Platoniciens avaient une notion du véritable système du monde. Ils reconnaissaient des principes mécaniques, mais actués par l'âme ou par l'esprit : dans les corps, ils distinguaient les qualités premières des qualités secondaires, faisant de celles-là des causes physiques, et ils entendaient les causes physiques en un sens correct [24] : ils voyaient qu'un esprit d'une puissance infinie, inétendu,

24. Cf., outre les passages parallèles de la *Siris, Principles*, Sect. 25, 51 sv., 65 sv.

invisible, immortel, gouvernait, reliait et contenait toutes choses : ils voyaient qu'il n'existait point d'espace absolu réel : que l'esprit ou âme existe véritablement et réellement ; que les corps existent seulement en un sens secondaire et dépendant : que l'âme est le lieu des formes : que les qualités sensibles doivent être tenues pour des actes seulement dans la cause, et pour des passions en nous ; ils considéraient avec exactitude les différences qui existent entre l'intellect, l'âme rationnelle et l'âme sensitive, avec leurs actes distincts d'intellection, de raisonnement et de sensation, alors que les Cartésiens et leurs disciples, qui considèrent la sensation comme un mode de la pensée, paraissent avoir échoué sur ces points. Ils savaient qu'il y a un éther subtil, qui pénètre la masse tout entière des êtres corporels, et qui est lui-même réellement mû et dirigé par un esprit ; et que les causes physiques ne sont que des instruments, ou plutôt des marques et des signes.

267. Ces philosophes anciens comprenaient que la génération des animaux consiste dans le déploiement et la dilatation des parties très petites et imperceptibles d'animalcules préexistants, ce qui passe pour une découverte moderne : ils considéraient cela comme l'œuvre de la nature, mais d'une nature animée et intelligente (Sect. 172) : ils comprenaient que toutes les choses sont vivantes et en mouvement : ils supposaient qu'il existe dans les particules la concorde et la discorde, l'union et la désunion, certaines s'attirant, d'autres se repoussant : et qu'on ne peut expliquer ces attractions et ces répulsions si variées, si régulières et si utiles, que par une intelligence qui préside à tous les mouvements particuliers et qui les dirige, pour la conservation et le plus grand bien de l'ensemble.

268. Les Egyptiens, qui personnifiaient la nature, en avaient fait un principe distinct, et l'avaient même déifiée sous le nom d'Isis. Mais Osiris était tenu pour l'Esprit ou Raison, maître et souverain de toutes choses. Osiris, si nous en croyons Plutarque[25], était le principe premier, pur, sans mélange, et saint, indiscernable pour les facultés inférieures ; une vision momentanée de celui-ci, comme l'éclair qui fend l'azur, irradie l'intelligence ; Plutarque ajoute à ce sujet que Platon et Aristote appelaient ἐποπτικόν une partie de la philosophie, à savoir : quand, s'étant élancé au-dessus des objets mixtes ordinaires et ayant franchi les limites des sens et de l'opinion, on arrive

25. *De Iside et Osiride*, c. 78.

à la contemplation de l'Etre premier et souverainement simple, libre de toute matière et de toute composition. C'est l' οὐσία ὄντως οὖσα de Platon[26], qui emploie l'esprit seul ; qui, seule, gouverne le monde. Et l'âme est ce qui informe et anime immédiatement la nature.

269. Bien que les Egyptiens aient représenté symboliquement la Divinité suprême assise sur un lotus, et que ce geste ait été interprété comme signifiant que l'Etre très saint et très vénérable est totalement en repos au sein de lui-même ; toutefois, à s'en tenir aux apparences, ce geste pourrait dénoter la dignité aussi bien que le repos. Et on ne peut nier que Jamblique[27], si versé dans les conceptions des Egyptiens, ait enseigné qu'il existe un Intellect qui procède à la génération, en amenant à la lumière les puissances cachées dans la formation des choses. Et on ne doit pas entendre cela d'un monde extérieur, qui subsisterait dans un espace absolu réel ; car c'était une doctrine de ces anciens sages que l'Ame est le lieu des formes, comme on peut le voir au livre douze des *Arcanes de la Sagesse divine selon les Egyptiens*[28]. Divers philosophes grecs embrassèrent cette notion ; on peut supposer qu'ils l'avaient tirée de la même source qui leur avait fourni bien d'autres opinions.

270. La doctrine de l'espace réel, absolu, extérieur induisit certains philosophes modernes à conclure que c'était une partie ou attribut de Dieu, ou que Dieu lui-même était espace ; attendu que les attributs incommunicables de Dieu semblaient s'y accorder, tels que l'infinité, l'immutabilité, l'indivisibilité, l'incorporalité, le fait d'être incréé, impassible, sans commencement ni fin — ne considérant pas que toutes ces propriétés négatives peuvent appartenir au néant. En effet, le néant n'a pas de limites, ne peut être mû, ni changé, ni divisé, n'est ni créé ni détruit. Une manière différente de penser apparaît dans les écrits hermétiques, aussi bien que dans d'autres écrits des anciens. En ce qui concerne l'espace absolu, on observe, dans le *Dialogue d'Esculape*[29], que le mot *espace* ou *endroit* n'a par lui-même aucun sens ; et en outre, qu'il est impossible de comprendre ce qu'est l'espace seul ou espace pur. Et Plotin

26. *Phèdre,* 247 C et E.
27. *Des mystères d'Egypte,* VIII, 3.
28. *De secretiore parte divinae sapientiae secundum AEgyptios,* XII, 3. Ouvrage d'inspiration néo-platonicienne, autrefois attribué à Aristote.
29. Hermès Trismégiste, *Asclépius,* III, 34.

ne reconnaît aucune place sinon l'âme ou esprit, affirmant de façon expresse que l'âme n'est pas dans le monde, mais le monde dans l'âme. Et de plus, la place de l'âme, dit-il, n'est pas le corps, mais l'âme est dans l'esprit, et le corps dans l'âme. Voyez le troisième chapitre [30] du cinquième livre de la cinquième *Ennéade*.

271. En ce qui concerne l'espace absolu, ce fantôme des philosophes qui traitent de mécanique et de géométrie (Sect. 250), il peut suffire d'observer qu'il n'est ni perçu par un sens, ni prouvé par argument [31], et que, par suite, il a été traité par les plus grands parmi les anciens comme une chose purement chimérique. De la notion d'espace absolu naît celle de mouvement absolu [a] ; et sur celles-ci se fondent en dernier ressort les notions d'existence extérieure, d'indépendance, de nécessité et de destin. Ce destin, idole de bien des modernes, était compris différemment par les philosophes anciens, et en un sens tel qu'il ne détruisait pas l' αὐτεξούσιον de Dieu ni de l'homme. Parménide, qui pensait que toutes choses sont faites par nécessité ou destin, identifiait justice, Providence et destin ; lequel, si fixe et si irrésistible qu'il soit par rapport à l'homme, peut toutefois être volontaire par rapport à Dieu. Empédocle déclare que le destin est une cause qui utilise les principes et les éléments. Héraclite enseignait que le destin est la raison générale qui traverse la nature tout entière du monde ; il supposait que cette nature était un corps éthéré, source de la génération de toutes choses. Platon soutenait que le destin est la raison éternelle ou loi de la nature. Chrysippe supposait que le destin était une puissance spirituelle qui disposait le monde avec ordre ; qu'il était la raison et la loi de ces choses qui sont administrées par la Providence.

a. Notre jugement en ces matières ne doit pas être affecté par une évidence présumée des notions et raisonnements mathématiques, puisqu'il est évident que les mathématiciens de notre époque embrassent des notions obscures et des opinions incertaines, et sont déconcertés par elles, se contredisant les uns les autres et discutant comme les autres hommes : à preuve, leur doctrine des fluxions, au sujet de laquelle, pendant ces dix dernières années, j'ai vu publier une vingtaine de petits traités et de dissertations, dont les auteurs, en s'opposant totalement et en se révélant incohérents les uns par rapport aux autres, apprennent aux spectateurs que penser de leurs prétentions à l'évidence [32].

30. En réalité, ch. 9.

31. Cf. *Principles*, Sect. 116 sv ; *De motu*, Sect. 53 sv.

32. Cf. *Analyst ; Principles*, Sect. 132 (1re éd.).

272. Toutes les notions précédentes de destin, telles qu'elles sont représentées par Plutarque [33], montrent à l'évidence que ces philosophes anciens ne concevaient pas le destin comme un principe aveugle, irréfléchi, inintelligent, mais comme le cours des choses établi avec ordre, et conduit par un Esprit sage et prévoyant. Et quant à la doctrine des Egyptiens, on affirme, certes, dans le *Pimandre* [34] que toutes les choses sont produites par le destin. Mais Jamblique, qui empruntait ses notions aux Egyptiens, affirme [35] que l'ensemble des choses n'est pas lié par le destin, mais qu'il y a un principe de l'âme plus noble que la nature, par lequel nous pouvons être élevés à l'union avec les dieux, et nous délivrer du destin. Et dans le *Dialogue d'Esculape* [36], on dit expressément que le destin suit les décrets de Dieu. Et de fait, vu que tous les mouvements dans la nature sont clairement le produit de la raison (Sect. 154), il semblerait qu'il n'y a pas de place pour la nécessité, sinon au sens de cours ferme et régulier.

273. Le destin aveugle et la chance aveugle sont au fond à peu près la même chose, et l'un n'est pas plus intelligible que l'autre. Tels sont la relation, la connexion, le mouvement et la sympathie mutuels des parties de ce monde, qu'elles semblent pour ainsi dire animées et maintenues ensemble par un seule âme : et leur harmonie, leur ordre et leur cours régulier sont tels qu'ils montrent que l'Ame est dirigée et gouvernée par un Esprit. C'était une opinion de la plus haute antiquité que le monde était un animal (Sect. 153, 172). Si nous en croyons les écrits hermétiques, les Egyptiens pensaient que toutes les choses participent à la vie. Cette opinion était si générale et si courante parmi les Grecs que Plutarque affirme [37] que tous les autres soutenaient que le monde est un animal, et qu'il est gouverné par la Providence, sauf Leucippe, Démocrite et Epicure. Et bien qu'un animal contenant tous les corps en lui-même ne puisse être touché ni affecté sensiblement de l'extérieur, il est clair pourtant qu'ils lui attribuaient un sens et un sentiment intérieurs, aussi bien que des appétits et des aversions ; et qu'ils supposaient que, de tous les accents divers, de toutes les actions et de toutes les passions du monde,

33. Pseudo-Plutarque, *De plac. philos.*, I, 25-28.

34. En réalité, dans *Asclépius*, III, 39. Berkeley, à la suite de Marsile Ficin, désigne par le titre du premier écrit l'ensemble des textes hermétiques.

35. *Des mystères d'Egypte*, V, 18.

36. *Asclépius*, III, 39.

37. Pseudo-Plutarque, *De plac. philos.*, II, 3.

résultaient une seule symphonie, un seul acte animé, une seule vie.

274. Jamblique déclare[38] que le monde est un seul animal, dans lequel les parties, si distantes soient-elles les unes des autres, sont néanmoins reliées et réunies par une seule nature commune. Et il enseigne, ce qui est une notion reçue aussi chez les Pythagoriciens et les Platoniciens, qu'il n'y a pas de chasme dans la nature, mais une Chaîne ou Echelle des êtres, s'élevant par gradations douces et ininterrompues, du plus humble au plus élevé, chaque nature étant informée et perfectionnée par participation à une nature plus élevée. Tout comme l'air devient igné, le feu le plus pur devient animal, et l'âme animale devient intellective : on doit entendre cela non pas du changement d'une nature en une autre, mais de la connexion de natures différentes, chaque nature moins élevée étant pour ainsi dire, selon ces philosophes, le réceptacle ou sujet dans lequel réside et agit celle qui se trouve immédiatement au-dessus d'elle.

275. C'est aussi la doctrine des philosophes platoniciens que l'Intellect est la vie même des choses vivantes, le premier principe et le modèle de toutes choses, duquel, par différents degrés, sont dérivées les classes inférieures de la vie : d'abord, la classe rationnelle, puis la classe sensitive, et après la classe végétative ; mais, de même que dans l'animal rationnel, il y a encore quelque chose d'intellectuel, ainsi, dans le sensitif, il y a quelque chose de rationnel, et dans le végétal, quelque chose de sensitif, et finalement, dans les corps mixtes, comme les métaux et les minéraux, quelque chose de la végétation. Par ce moyen, l'ensemble est censé être plus parfaitement lié. Cette doctrine implique que toutes les facultés, tous les instincts et tous les mouvements des êtres inférieurs, dans leurs diverses subordinations respectives, sont dérivés et dépendent de l'Esprit et de l'Intellect.

276. Les Stoïciens et les Platoniciens soutenaient que le monde est vivant, encore qu'il fût mentionné tantôt comme un animal sensible, tantôt comme une plante ou un végétal. Mais en cela, malgré ce qui a été conjecturé par certains savants, il ne semble y avoir aucun athéisme. En effet, aussi longtemps que l'on suppose que le monde est stimulé par le feu ou esprit élémentaire, qui est lui-même animé par l'âme

38. *Des mystères d'Egypte*, IV, 12.

et dirigé par l'entendement, il s'ensuit que toutes ses parties dépendent à l'origine de cette même tige ou principe indivisible, à savoir un Esprit suprême, et qu'elles peuvent y être réduites, — ce qui est la doctrine commune des Pythagoriciens, des Platoniciens et des Stoïciens.

277. Il y a, selon ces philosophes, une vie diffuse à travers toutes choses : le πῦρ νοερόν, πῦρ τεχνικόν, le feu intellectuel et artificiel (Sect. 166, 168, 174, 175, etc.), le principe intérieur, l'esprit animal ou vie naturelle, qui produit et forme à l'intérieur, comme le fait l'art à l'extérieur, qui règle, modère et réconcilie les divers mouvements, qualités et parties du système de ce monde. En vertu de cette vie, les grandes masses sont maintenues ensemble dans leurs cours réguliers, de même que les particules les plus menues sont gouvernées dans leurs mouvements naturels, selon les diverses lois de l'attraction, de la gravité, de l'électricité, du magnétisme, et autres. C'est cela qui donne les instincts, qui enseigne à l'araignée sa toile, et à l'abeille son miel. C'est cela qui amène les racines des plantes à extraire les sucs de la terre, et les feuilles et les vaisseaux corticaux à séparer et à attirer les particules d'air et de feu élémentaire qui conviennent à leurs natures respectives.

278. La nature ne semble pas se distinguer autrement de l'*anima mundi* que la vie ne se distingue de l'âme, et, d'après les principes des philosophes les plus anciens, on peut l'appeler, sans impropriété ni incongruité, la vie du monde. De fait, certains Platoniciens considèrent la vie comme l'acte de la nature, tout comme l'intellection est celui de l'esprit ou intellect. De même que l'Intellect Premier agit en comprenant, ainsi la nature, selon ces derniers, agit ou engendre en vivant. Mais la vie est l'acte de l'âme, et elle semble être la nature elle-même, qui n'est pas le principe, mais l'effet d'un autre principe plus élevé, qui est la vie résultant de l'âme, comme la pensée résulte de l'intellect.

279. Si la nature est la vie du monde, animé par une seule Ame, enfermé en un seul cadre, et dirigé ou gouverné en toutes ses parties par un seul Esprit, on ne peut taxer ce système d'athéisme, bien qu'il soit peut-être possible de le taxer d'erreur ou d'impropriété. Et cependant, comme un seul esprit directeur donne l'unité à l'agrégat infini des choses, par une communion mutuelle d'actions et de passions, et par un ajustement des parties faisant que tout concoure en une seule vue à une seule et même fin, — il semblerait raisonnable de dire, avec Ocellus

Lucanus le Pythagoricien[39], que, tout comme la vie maintient ensemble les corps des animaux, dont la cause est l'âme, et comme une cité est cimentée par la concorde, dont la cause est la loi, de même le monde est maintenu par l'harmonie, dont la cause est Dieu. Et en ce sens, le monde ou univers peut être considéré soit comme un seul animal (Sect. 172, 277), soit comme une seule cité.

280. Aristote[40] désapprouve l'opinion de ceux qui soutiennent qu'une âme est diffuse à travers le monde ; et cela, parce que les éléments ne sont pas vivants. Bien que, peut-être, il ne soit pas facile de prouver que le sang et l'esprit animal sont plus vivants dans l'homme, que l'eau et le feu dans le monde. Ce philosophe, dans ses livres *De l'âme,* remarque[41] au sujet d'une opinion avancée dans les orphiques, concernant l'entrée de l'âme à partir de l'univers dans les créatures vivantes, portée par les vents, que cela ne peut être vrai des plantes, ni de certains animaux qui ne respirent pas. Mais des expériences récentes ont permis de montrer qu'il y a des vaisseaux conduisant de l'air dans toutes les plantes et chez tous les animaux. Et on peut dire en quelque manière et sans impropriété que l'air est le porteur ou véhicule de l'âme, attendu qu'il est le véhicule du feu, qui est l'esprit immédiatement mû et animé par l'âme (Sect. 163, 171).

281. Le feu vivant, le séminaire vivant, omniforme du monde, et autres expressions de nature semblable, qui se rencontrent chez les anciens et dans la philosophie platonicienne, comment peut-on les comprendre si l'on en exclut la lumière ou feu élémentaire ? — dont on sait que les particules sont hétérogènes, et dont certaines d'entre elles, pour autant qu'on sache, peuvent être organisées, et, nonobstant leur merveilleuse petitesse, peuvent contenir des semences originales, qui, étant formées et semées dans une matrice convenable, se développent et se manifestent graduellement, jusqu'à ce qu'elles atteignent à la juste proportion de l'espèce.

282. Ne peut-on supposer que ce séminaire éthéré, en accord avec les notions de cette philosophie qui attribuait une grande partie de la génération à l'influence céleste, imprègne les plantes et les animaux avec les premiers principes, les étamines, ou

39. Berkeley se réfère à un fragment cité par Stobée.
40. *De l'âme,* I, 5.
41. *Ibid.*

ces animalcules dont Platon dit, dans le *Timée*[42], qu'ils sont invisibles en raison de leur petitesse, mais qui, étant semés dans une matrice appropriée, s'y gonflent et s'y déploient par l'effet de la nourriture, et que, finalement, les animaux sont mis au monde ? Cette notion a été reprise récemment et reçue par beaucoup qui, peut-être, n'ont pas conscience de son antiquité, ni qu'on la trouve chez Platon ? Timée de Locres, dans son livre *De l'âme du monde*[43], suppose que même les âmes sont dérivées des luminaires célestes, à la seule exception de la partie rationnelle ou intellectuelle. Mais quelle influence ou influx y a-t-il, venant des corps célestes, qui n'a pas la lumière pour véhicule (Sect. 43) ?

283. Quelle autre nature il devrait y avoir, intermédiaire entre l'Ame du monde (Sect. 171) et ce vaste système corporel, qui pourrait être le véhicule de la vie, ou, pour employer le langage des philosophes, qui pourrait recevoir ou être actuée par les formes des choses, voilà qui est difficile à comprendre. On remarque communément que les œuvres d'art ne supportent pas une délicate inspection microscopique, mais plus on use d'instruments, et plus on fouille délicatement les productions naturelles, plus on découvre du beau mécanisme de la nature, qui est infini ou inépuisable ; car des parties nouvelles et diverses, plus subtiles et plus délicates que les précédentes, continuent toujours à s'offrir à la vue. Et ces observations microscopiques ont confirmé la théorie ancienne concernant la génération, contenue dans le *Timée* de Platon. Mais cette théorie ou hypothèse, si conforme soit-elle aux découvertes modernes, ne suffit pas à elle seule pour expliquer les phénomènes, sans l'action immédiate d'un esprit. Et Ficin, en dépit de ce que lui-même et d'autres platoniciens disent d'une nature plastique, est obligé de reconnaître qu'on doit supposer qu'à la force du monde ou Ame est jointe une Intelligence, dont dépend constamment la nature séminale, et par laquelle elle est gouvernée.

284. Alcinous[44], dans son petit traité *De la doctrine de Platon,* dit que Dieu a donné au monde à la fois un esprit et une âme : d'autres incluent l'un et l'autre dans le mot *âme,* et supposent que l'Ame du monde est Dieu. Philon semble partager cette opinion en plusieurs parties de ses écrits. Et

42. *Timée,* 91 D.
43. *De anima mundi,* 7.
44. Cf. Alcinoüs, *Introduction à la philosophie de Platon,* trad. Combe-Dounous.

Virgile, qui n'ignorait point les doctrines des Pythagoriciens et des Platoniciens, écrit dans le même sens :

> Deum namque ire per omnes
> Terrasque tractusque maris coelumque profundum.
> Hinc pecudes, armenta, viros, genus omne ferarum,
> Quemque sibi tenues nascentem arcessere vitas [45].

Les écoles de Platon et de Pythagore semblent s'accorder jusqu'à ce point, à savoir que l'Ame du Monde (Sect. 153, 172), qu'elle ait un esprit distinct, lui appartenant en propre, ou qu'elle soit dirigée par un esprit supérieur (Sect. 154, 279), embrasse toutes ses parties, les relie par une chaîne invisible et indissoluble, et les garde à jamais bien ajustées et en bon ordre.

285. Les naturalistes, dont le domaine propre est de considérer les phénomènes, les expériences, les organes et les mouvements mécaniques, s'occupent principalement de la structure visible des choses ou monde corporel, tout en supposant que l'âme est contenue dans le corps. Et cette hypothèse peut être tolérée en physique, tout comme il n'est pas nécessaire dans les arts du cadran ou de la navigation de mentionner le vrai système ni le mouvement de la terre. Mais ceux qui, non contents des apparences sensibles, voudraient pénétrer les causes réelles et véritables (objet de la théologie, de la métaphysique ou *philosophia prima*), rectifieront cette erreur, et parleront du monde en tant que contenu par l'âme, et non pas l'inverse.

286. Aristote a observé qu'il y avait de fait des gens qui pensaient si grossièrement qu'ils supposaient que l'univers était une seule nature, corporelle et étendue : mais au premier livre de sa *Métaphysique* [46], il remarque à bon droit qu'ils ont commis une grave erreur ; attendu qu'ils ont seulement tenu compte des éléments des êtres corporels, alors qu'il y a aussi des êtres incorporels dans l'univers ; et tout en essayant de déterminer les causes de la génération et de la corruption, et d'expliquer la nature de toutes choses, ils ont, ce faisant, détruit la cause véritable du mouvement.

287. C'est une doctrine, entre autres spéculations contenues dans les écrits hermétiques, que toutes choses sont Un. Et il

45. *Géorgiques*, IV, 221-224.
46. *Métaphysique*, I, 3.

n'est pas improbable qu'Orphée, Parménide et d'autres parmi les Grecs aient puisé chez les Egyptiens leur notion de τὸ ἕν, L'UN. Encore que le subtil métaphysicien qu'est Parménide, dans sa doctrine de ἓν ἑστώς, semble avoir ajouté quelque chose de son cru. Si l'on suppose qu'un seul et même Esprit est le principe universel de l'ordre et de l'harmonie à travers le monde, contenant et reliant toutes ses parties, et conférant l'unité au système, il semble n'y avoir rien d'athéiste ni d'impie dans cette supposition.

288. Le nombre n'est point objet des sens : c'est un acte de l'esprit [47]. La même chose, selon la conception qu'on s'en fait, est un ou plusieurs. Si l'on comprend Dieu et les créatures en une seule notion générale, on peut dire que toutes choses, prises ensemble, font un seul univers, ou τὸ πᾶν. Mais si l'on disait que toutes choses font un seul Dieu, ce serait, certes, une notion erronée de Dieu, mais elle n'équivaudrait pas à l'athéisme, aussi longtemps qu'on admettrait que l'esprit ou intellect est le τὸ ἡγεμονικόν, la partie qui gouverne. Il est néanmoins plus respectueux, et, par suite, c'est une notion plus vraie de Dieu que de supposer qu'Il n'est pas fait de parties, et qu'Il n'est pas Lui-même partie de quelque tout que ce soit.

289. Tous ceux qui conçoivent le monde comme un animal doivent, en conséquence de cette notion, supposer que toutes choses sont une. Mais concevoir Dieu comme l'âme sensible d'un animal est tout à la fois indigne et absurde. Il n'y a en Dieu ni sens si sensorium, ni quoi que ce soit qui ressemble aux sens ou au sensorium. Les sens impliquent une impression venant d'un autre être, et dénotent une dépendance dans l'âme qui les possède. Les sens sont des passions ; et les passions impliquent une imperfection. Dieu connaît toutes choses comme pur esprit ou intellect ; mais rien par les sens, ni dans, ni par l'intermédiaire d'un sensorium. Par suite, supposer en Dieu un sensorium de quelque sorte que ce soit — espace ou n'importe quel autre — serait très erroné [48], et nous conduirait à de fausses conceptions de Sa nature. La présupposition qu'il y a une chose telle qu'un espace réel, absolu, incréé semble avoir occasionné

47. Cf. *Principles,* Sect. 12, 120.

48. Cf. *Three Dialogues,* III ; *Essay on Vision,* Sect. 153 ; Newton, *Optics.* ad fin. ; Samuel Clarke, *A Demonstration of the being and attributes of God,* 1705-1706.

cette erreur moderne. Mais cette présupposition était sans fondement.

290. Le corps est l'opposé de l'esprit[49]. Nous tirons de la pensée et de l'action une notion de l'esprit. Nous tirons de la résistance une notion du corps. Dans la mesure où il y a puissance réelle, il y a esprit. Dans la mesure où il y a résistance, il y a incapacité ou manque de puissance ; c'est-à-dire qu'il y a négation de l'esprit. Nous sommes incarnés, c'est-à-dire que nous sommes entravés par le poids, et gênés par la résistance. Mais par rapport à un esprit parfait, il n'y a rien de dur ni d'impénétrable : il n'y a pas de résistance à la Divinté : Il n'a pas davantage de corps ; et l'Etre suprême n'est pas uni au monde comme l'âme de l'animal l'est à son corps, ce qui implique nécessairement un défaut, à la fois comme instrument et comme poids et empêchement constant.

291. La piété nous permet seulement de dire qu'un Agent divin pénètre et gouverne par Sa puissance le feu élémentaire ou lumière (Sect. 157, 172), qui sert d'esprit animal pour vivifier et actuer la masse tout entière et tous les membres de ce monde visible. Et cette doctrine n'est pas moins philosophique que pieuse. Nous voyons toute la nature vivante et en mouvement. Nous voyons l'eau se changer en air, et l'air raréfié et rendu élastique (Sect. 149, 152, 200) par l'attraction d'un autre milieu, beaucoup plus pur, plus subtil et plus volatil que l'air. Mais cependant, comme c'est un être mobile, étendu et, par suite, corporel (Sect. 207), il ne peut de lui-même être principe de mouvement, mais il nous conduit naturellement et nécessairement à un esprit ou agent incorporel. Nous sommes conscients du fait qu'un esprit peut commencer, altérer ou déterminer le mouvement ; mais rien de tel n'apparaît dans le corps. En vérité, le contraire est évident à la fois à l'expérience et à la réflexion.

292. Les phénomènes naturels sont seulement des apparences naturelles. Ils sont, par suite, tels que nous les voyons et que nous les percevons[50]. Leurs natures réelles et objectives sont donc les mêmes — passives sans rien d'actif, fluentes et changeantes sans rien de permanent en elles. Toutefois, comme ceux-là forment les premières impressions, et que l'esprit prend son premier vol et son premier élan, pour ainsi dire, en posant

49. Cf. *Principles*, Sect. 142 ; *De motu*, Sect. 21, 30, etc.
50. Cf. *Principles*, Sect. 3-6.

le pied sur ces objets, ils ne sont pas seulement les premiers considérés par tous les hommes, mais aussi les plus considérés par la plupart des hommes. Ceux-ci et les fantômes qui résultent de ces apparences, les enfants de l'imagination greffée sur les sens — tel, par exemple, l'espace pur (Sect. 270) —, sont considérés par beaucoup comme les tout premiers par l'existence et la stabilité, et comme embrassant et comprenant tous les autres êtres.

293. Or, bien que des fantômes tels que les forces corporelles, les mouvements absolus et les espaces réels passent en physique pour des causes et des principes (Sect. 220, 249, 250), ils ne sont toutefois en réalité que des hypothèses, et ils ne peuvent être les objets d'une science réelle[51]. Ils sont néanmoins acceptables en physique, où l'on traite des choses sensorielles, et où l'on se limite à l'expérience et à la mécanique. Mais quand nous entrons dans le domaine de la *philosophia prima,* nous découvrons un autre ordre d'êtres, l'esprit et ses actes, l'être permanent, indépendant des choses corporelles, ni résultant, ni relié, ni contenu ; mais contenant, reliant, vivifiant la structure tout entière, et conférant ces mouvements, formes, qualités, et cet ordre et symétrie, à tous ces phénomènes passagers que nous appelons le Cours de la Nature.

294. Il en va de nos facultés comme de nos affections : ce qui nous saisit le premier, tient bon (Sect. 264). C'est un lieu commun que l'homme est un composé de contrariétés, qui engendrent une lutte continuelle dans sa nature entre la chair et l'esprit, la bête et l'ange, la terre et les cieux, toujours abattu, mais toujours renaissant. Pendant ce conflit, le caractère fluctue : quand l'un ou l'autre côté prévaut, il est alors fixé pour le vice ou la vertu. Et la vie tire, de divers principes, des résultats différents. Il en va de même de nos facultés. Tout d'abord, les sens assiègent et dominent l'esprit. Les apparences sensibles sont tout en tout : nos raisonnements portent sur elles ; nos désirs se terminent en elles ; nous ne cherchons pas plus loin les réalités ou les causes ; jusqu'à ce que vienne l'aube de l'intellect, et qu'il jette un rayon sur ce paysage ombreux. Nous percevons alors le vrai principe de l'unité, de l'identité et de l'existence. Ces choses qui, auparavant, semblaient constituer la totalité de l'être, lorsque l'on adopte une vue intellectuelle des choses, se révèlent n'être que des fantômes fuyants.

51. Cf. *Principles,* Sect. 103-117 ; *De motu,* Sect. 17, 28, 35, 41, 66, 71 sv.

295. De la forme extérieure des grosses masses qui occupent le vulgaire, un chercheur curieux passe à l'examen de la structure interne et des menues parties, et, de l'observation des mouvements dans la nature, à la découverte des lois de ces mouvements. En chemin, il forme son hypothèse et adapte son langage à sa philosophie naturelle. Et ceux-ci conviennent à l'affaire et répondent à la fin que se propose un expérimentateur ou mécanicien, qui veut seulement appliquer les puissances de la nature, et réduire les phénomènes à des règles. Mais si, poussant plus loin son analyse et sa recherche, il s'élève du monde sensible au monde intellectuel, et considère les choses sous une lumière nouvelle et dans un ordre nouveau, il changera alors de système, et il percevra que ce qu'il avait pris pour des substances et des causes ne sont que des ombres fugitives ; que l'esprit contient tout et meut toutes choses, et qu'il est pour tous les êtres créés la source de l'unité et de l'identité, de l'harmonie et de l'ordre, de l'existence et de la stabilité.

296. Ce n'est ni l'acide, ni le sel, ni le soufre, ni l'air, ni l'éther, ni le feu corporel visible (Sect. 155), et encore moins le fantôme destin ou nécessité, qui est l'agent réel, mais, par une certaine analyse, une connexion et une gradation régulières, nous nous élevons par tous ces milieux à une vision momentanée du Premier Moteur, source invisible, incorporelle, inétendue, intellectuelle de la vie et de l'être. Il y a, il faut le reconnaître, un mélange d'obscurité et de préjugés dans le langage et les raisonnements humains. Cela est inévitable, puisque les voiles des préjugés et de l'erreur sont enlevés lentement et séparément, un à un. Mais, s'il y a bien des anneaux dans la chaîne qui relie les deux extrêmes de ce qui est grossièrement sensible et de ce qui est purement intelligible, et si cela semble une tâche fastidieuse, avec les lents secours de la mémoire, de l'imagination et de la raison — opprimés et accablés que nous sommes par les sens, par les principes erronés et les longs ambages des mots et des notions — de s'efforcer de monter vers la lumière de la vérité, toutefois, à mesure que celle-ci se manifeste graduellement, de nouvelles découvertes corrigent sans cesse le style et clarifient les notions.

297. L'esprit, ses actes et ses facultés, fournissent une nouvelle classe d'objets distincte[52], de la contemplation de

52. Cf. *Principles*, Sect. 89, 142.

laquelle naissent d'autres notions, principes et vérités éloignés des premiers principes (et même incompatibles avec eux) qui surprennent les sens de l'humanité au point qu'on peut fort bien les exclure du langage et des livres du vulgaire, en tant qu'abstraits des questions sensibles, et plus aptes à la spéculation de la vérité, œuvre et fin de quelques-uns, qu'aux usages du monde ou qu'aux objets de la recherche expérimentale et mécanique. Néanmoins, bien que, peut-être, cela ne soit point du goût de certains lecteurs modernes, la considération dans les livres de physique de questions métaphysiques et divines peut cependant se voir justifiée par de grandes autorités parmi les anciens : sans mentionner le fait que celui qui, de son propre aveu, dégage les éléments d'une science, est plus tenu à se montrer méthodique et systématique, et à observer des lois plus rigoureuses que le simple essayiste. Par suite, on nous pardonnera peut-être si cet essai sans art amène le lecteur, par d'insensibles transitions, à des recherches et à des spéculations lointaines, que ni lui ni l'auteur n'avaient imaginées au départ.

298. Il y a des traces de profonde pensée aussi bien que d'une tradition primitive dans les philosophies platonicienne, pythagoricienne, égyptienne et chaldéenne (Sect. 179, 266). Les hommes, à cette époque reculée, n'étaient pas submergés par les langues et les écrits. Leur esprit semble avoir été plus exercé, et moins surchargé qu'aux époques plus récentes ; et, se trouvant beaucoup plus près du commencement du monde, ils paraissent avoir eu l'avantage de lumières venues des patriarches et transmises par peu de mains. On ne peut certes affirmer (si probable que ceci puisse sembler) que Moïse est identique à ce Mochus, avec les successeurs (prêtres et prophètes) de qui on rapporte que Pythagore s'est entretenu à Sidon[53]. Pourtant, l'étude de la philosophie semble remonter à une très haute antiquité et avoir une source très lointaine ; vu que Timée de Locres, cet ancien Pythagoricien, auteur du livre *De l'âme du monde,* parle d'une très ancienne philosophie, même pour son époque, ἁ πρεσβύστα φιλοσοφία[54], qui excite l'âme et la tire d'un état d'ignorance pour l'amener à la contemplation des choses divines. Et bien qu'aucun des livres attribués à Hermès Trismégiste ne fût écrit par lui, et qu'on reconnaisse qu'ils contiennent des falsifications évidentes, on

53. Cf. Strabon, XVI, 2, xxiv ; Cudworth, *True intellectual System,* L. I, I, 10, et *Treatise concerning eternal and immutable Morality,* ch. 4.
54. *De anima mundi,* 11.

reconnaît pourtant aussi qu'ils contiennent des doctrines de l'ancienne philosophie égyptienne, bien que présentées, peut-être, sous une forme moderne. Pour expliquer cela, Jamblique observe que les livres portant son nom contiennent certes des opinions hermétiques, mais qu'elles sont souvent exprimées dans le style de la philosophie grecque, vu qu'elles ont été traduites de l'égyptien en grec.

299. La différence entre Isis et Osiris (Sect. 268) ressemble à celle entre la lune et le soleil, la femelle et le mâle, la *natura naturata* (selon l'expression scolastique) et la *natura naturans*. Mais, bien qu'Isis fût prise la plupart du temps pour la nature, toutefois (vu que les divinités païennes étaient choses très fluctuantes), elle signifiait parfois τὸ πᾶν. Et l'on trouve chez Montfaucon[55] une Isis de la forme ordinaire avec cette inscription : Θεοῦ παντός. Et sur la *Mensa Isiaca*, qui semble exposer le système général de la religion et des superstitions égyptiennes, Isis, sur son trône, occupe le centre de la table. Ce qui semble signifier, peut-être, que l'univers ou τὸ πᾶν était le centre de l'ancienne religion secrète des Egyptiens, leur Isis ou τὸ πᾶν comprenant à la fois Osiris, l'auteur de la nature, et son œuvre.

300. Platon et Aristote considéraient Dieu comme abstrait ou distinct du monde naturel. Mais les Egyptiens considéraient Dieu et la nature comme formant un seul tout, ou toutes choses ensemble comme formant un seul univers. Ce faisant, ils n'excluaient pas l'esprit intelligent, mais ils le considéraient comme contenant toutes choses. Par suite, tout ce qu'il pouvait y avoir d'erroné dans leur manière de penser n'implique pas pour autant l'athéisme, et n'y conduit pas.

301. L'esprit humain est si entravé et si accablé par les premières impressions des sens, qui sont si fortes (Sect. 264), qu'il est merveilleux que les anciens aient même pu réaliser de tels progrès, et qu'ils aient pénétré si profondément dans les questions intellectuelles, sans quelque lueur d'une tradition divine. Tout homme qui considère un groupe de sauvages incultes abandonnés à eux-mêmes, qui voit combien ils sont enfoncés et engloutis dans les sens et les préjugés, et combien ils sont incapables d'émerger de cet état par leurs forces naturelles, inclinera à penser que la première étincelle de philo-

55. *L'Antiquité expliquée et représentée en figures,* 1719-1724.

sophie est venue des cieux, et qu'elle était (comme l'exprime un écrivain païen) θεοπαράδοτος φιλοσοφία.[56].

302. L'état déchu de l'espèce humaine est une chose qui n'échappait pas aux philosophes anciens. La λύσις, la φυγή, la παλιγγενεσία montrent que les Egyptiens et les Pythagoriciens, les Platoniciens et les Stoïciens avaient tous quelque notion de cette doctrine, dont les contours semblent avoir été esquissés dans ces théories. La théologie et la philosophie défont délicatement les ligaments qui enchaînent l'âme à la terre, et aident à son envol vers le souverain Bien. Il y a un instinct ou tendance de l'esprit vers le haut, qui révèle un effort naturel à nous rétablir et à surmonter notre condition présente, sensuelle et basse, pour tendre vers un état de lumière, d'ordre et de pureté.

303. Les perceptions des sens sont grossières ; toutefois, même dans les sens, il y a une différence. Bien que l'harmonie et la proportion ne soient pas des objets des sens[57], l'œil et l'oreille sont pourtant des organes qui offrent à l'esprit des matériaux au moyen desquels il peut saisir l'une et l'autre. Par les expériences des sens, nous lions connaissance avec les facultés inférieures de l'âme ; et à partir de celles-ci, par une évolution ou montée graduelle (Sect. 275), nous arrivons aux plus élevées. Les sens fournissent des images à la mémoire. Celles-ci deviennent des sujets sur lesquels travaille l'imagination. La raison considère et juge les imaginations. Et ces actes de la raison deviennent de nouveaux objets pour l'entendement. Dans cette échelle, chaque faculté inférieure est un degré qui conduit à celle située au-dessus d'elle. Et la plus élevée conduit naturellement à la Divinité, qui est plutôt l'objet de la connaissance intellectuelle que de la faculté discursive elle-même, pour ne pas parler de la faculté sensitive. Une chaîne court à travers le système tout entier des choses. Dans cette chaîne, un anneau tire l'autre. Les choses les plus humbles sont reliées aux plus élevées. Par suite, le malheur n'est pas étrange ni bien digne de pitié, si un lecteur bas et sensuel se trouve, par simple amour de la vie animale, attiré, surpris et entraîné par curiosité de la vie intellectuelle.

304. Selon Platon, il n'y a, à proprement parler, pas de connaissance, mais seulement opinion des choses sensibles et

56. Damascius, *Les premiers principes,* 311.
57. Cf. *Alciphron,* III, 8 sv.

périssables (Sect. 263, 264) ; non parce qu'elles sont naturellement asbtruses et enveloppées d'obscurité, mais parce que leur nature et leur existence sont incertaines, à jamais fugitives et changeantes, ou plutôt, parce qu'elles n'existent point en stricte vérité, étant toujours en voie de génération ou *in fieri*, c'est-à-dire dans un flux perpétuel, sans rien de stable ni de permanent en elles qui constitue l'objet d'une science véritable. Les Pythagoriciens et les Platoniciens distinguent entre τὸ γενόμενον et τὸ ὄν[58], ce qui est à jamais en devenir et ce qui existe. Les choses sensibles et les formes corporelles sont perpétuellement en train de produire et de périr, d'apparaître et de disparaître ; elles ne se reposent jamais en un état, mais elles sont toujours en mouvement et en changement, et, par suite, elles ne constituent pas en réalité un être, mais une succession d'êtres : alors que τὸ ὄν est censé être quelque chose d'une nature abstraite et spirituelle, et l'objet propre de la connaissance intellectuelle. Par suite, comme il ne peut y avoir de connaissance des choses fluentes et instables, l'opinion de Protagoras et de Théétète, selon laquelle le sens est science[59], est absurde. Et, certes, rien n'est plus évident que le fait, par exemple, que les tailles et les formes apparentes des choses sont dans un flux constant, à jamais différentes selon qu'on les regarde à des distances diverses, ou avec des verres plus ou moins précis. Quant à ces grandeurs et à ces figures absolues, que certains cartésiens et d'autres modernes supposent être dans les choses, cela doit sembler une vaine supposition à quiconque réfléchit que ce n'est appuyé sur aucun argument de la raison, ni sur aucune expérience des sens.

305. De même que l'entendement ne perçoit pas, c'est-à-dire n'entend pas, ne voit pas, ne sent pas, ainsi les sens ne connaissent pas : et bien que l'esprit se serve à la fois des sens et de l'imagination, comme de moyens pour arriver à la connaissance, toutefois, les sens, ou l'âme dans la mesure où elle est sensitive, ne connaissent rien. En effet, comme on l'observe à juste titre dans le *Théétète* de Platon, la science ne consiste pas dans les perceptions passives, mais dans le raisonnement qui s'effectue sur elles — τῷ περὶ ἐκείνων συλλογισμῷ[60].

58. *Timée,* 27 D.
59. *Théétète,* 151 E.
60. *Id.,* 186 D.

306. Dans l'ancienne philosophie de Platon et de Pythagoras, on trouve distingués trois sortes d'objets. En premier lieu, une forme ou espèce qui n'est ni engendrée ni détruite, immuable, invisible, et totalement imperceptible au sens, n'étant comprise que de l'intellect. Il y a une deuxième sorte, à jamais fluente et changeante (Sect. 292, 293), qui engendre et périt, qui apparaît et se dissipe; elle est saisie par les sens et l'opinion. La troisième sorte est la matière, qui, selon l'enseignement de Platon, n'étant ni un objet de l'entendement ni un objet des sens, peut à peine être distinguée, par une certaine manière fausse de raisonner, λογισμῷ τινι νόθῳ μόγις πιστόν (voir son *Timée*)[61]. La même doctrine est contenue dans le traité pythagoricien *De anima mundi*[62], qui, distinguant les idées, les choses sensibles et la matière, fait des premières l'objet de l'intellect, des secondes l'objet des sens, et fait saisir la dernière, à savoir la matière, λογισμῷ νόθῳ. Thémistius le péripatéticien en donne la raison. En effet, dit-il[63], on doit estimer faux l'acte dont l'objet n'a rien de positif, et qui est seulement une pure privation, comme le silence ou l'obscurité. Et telle était pour lui la matière.

307. Aristote opère une triple distinction des objets, selon les trois sciences spéculatives. La physique, suppose-t-il, porte sur les choses qui ont un principe de mouvement en elles-mêmes; les mathématiques, sur les choses qui sont permanentes, mais non abstraites; et la théologie, sur l'Etre abstrait et immuable; on trouve cette distinction au livre neuvième de sa *Métaphysique*[64]. Par abstrait, χωριστόν, il entend séparable des êtres corporels et des qualités sensibles.

308. Ce philosophe soutenait que l'esprit de l'homme était une *tabula rasa*[65], et qu'il n'y avait pas d'idées innées. Platon, au contraire, soutenait qu'il y avait des idées originales dans l'esprit, c'est-à-dire des notions qui n'avaient jamais été et ne pouvaient être dans les sens, telles que l'être, la beauté, la bonté, la ressemblance, l'égalité. Certains, peut-être, penseront que la vérité est celle-ci : qu'il n'y a pas, à proprement parler, d'idées ou objets passifs dans l'esprit qui ne soient dérivés des sens; mais qu'il y a aussi, outre ceux-là, les propres actes ou opérations de l'esprit; ce sont les notions.

61. *Timée*, 52 B.
62. *De anima mundi*, 1.
63. *De anima*, Z, c. 6.
64. *Métaphysique*, XI, 7, 1064 b.
65. *De l'âme*, III, 4, 430 a.

309. C'est une maxime de la philosophie platonicienne que l'âme de l'homme est, à l'origine, munie de notions inhérentes et naturelles, et qu'elle a besoin des occasions sensibles, non pour les produire absolument, mais seulement pour éveiller, exciter ou faire passer à l'acte ce qui était déjà préexistant, assoupi et latent dans l'âme ; tout comme on dit que les choses sont amassées dans la mémoire, sans être réellement perçues jusqu'à ce qu'il arrive qu'elles soient évoquées et mises en vue par d'autres objets. Cette notion semble quelque peu différente de celle des idées innées, telles qu'elles sont comprises par les modernes qui ont essayé d'en démontrer la fausseté[66]. Selon Parménide, comprendre et être sont la même chose. Et Platon, dans sa septième Lettre[67], ne fait aucune différence entre νοῦς et ἐπιστήμη, esprit et connaissance. Il s'ensuit qu'esprit, connaissance et notions, soit comme habitus soit en acte, vont toujours de pair.

310. Et bien qu'Aristote considérât l'âme, dans son état originel, comme du papier blanc, il soutenait toutefois qu'elle est le lieu propre des formes, τὴν ψυχὴν εἶναι τόπον εἴδων [68] (Sect. 269). Il admet cette doctrine, d'abord soutenue par d'autres, sous réserve qu'on ne l'entende pas de l'âme tout entière, mais seulement de la νοητική ; comme on peut le voir dans son troisième livre *De anima.* On peut en conclure, selon Thémistius, dans son commentaire sur ce traité[69], que tous les êtres sont dans l'âme. En effet, dit-il, les formes sont les êtres. Par la forme, toute chose est ce qu'elle est. Et, ajoute-t-il, c'est l'âme qui confère les formes à la matière : τὴν ὕλην μορφῶσα ποικίλαις μορφαῖς. Elles sont donc les premières dans l'âme. Il ajoute encore que l'esprit est toutes choses par l'intellect et les sens. Alexandre d'Aphrodise en dit autant, lorsqu'il affirme que l'esprit est toutes choses, κατά τε τὸ νοεῖν καὶ τὸ αἰσθάνεσθαι [70]. Et c'est, en fait, la propre doctrine d'Aristote, dans son troisième livre *De anima,* où il affirme aussi, avec Platon, que la connaissance actuelle et la chose connue sont un : τὸ αὐτὸ δέ ἐστιν ἡ κατ' ἐνέργειαν ἐπιστήμη τῷ πράγματι [71]. Il s'ensuit que les choses sont où est la connaissance, c'est-à-dire, dans l'esprit. Ou bien, comme

66. Locke, *Essay,* L. I.
67. *Lettres,* VII, 342 C.
68. *De l'âme,* III, 4, 429 a.
69. *De anima,* Z, c. 8.
70. *In Metaphysica,* XI, 9.
71. *De l'âme,* III, 7, 431 a.

on l'exprime ailleurs, que l'âme est toutes choses. On pourrait en dire davantage pour expliquer la notion d'Aristote, mais cela conduirait trop loin.

311. Quant à une existence actuelle absolue (Sect. 264, 292, 294), des choses sensibles ou corporelles, elle ne semble avoir été admise ni par Platon ni par Aristote. Dans le *Théétète*[72], on nous avertit que, si l'on dit qu'une chose est ou qu'elle est faite, on doit dire en même temps pourquoi, ou de quoi, ou par rapport à quoi elle est ou elle est faite ; en effet, qu'une chose existe en elle-même ou absolument est absurde. Selon cette doctrine, Platon affirme en outre qu'il est impossible qu'une chose soit sucrée et qu'elle ne soit sucrée pour personne. On doit admettre néanmoins, en ce qui concerne Aristote, que, même dans sa *Métaphysique,* il y a des expressions qui semblent en faveur de l'existence absolue des choses corporelles. Par exemple, au onzième livre[73], parlant des choses sensibles corporelles : « Quoi d'étonnant, dit-il, qu'elles ne nous apparaissent jamais les mêmes, pas plus qu'à des malades », puisque nous-mêmes changeons toujours et ne demeurons jamais les mêmes ? Il dit encore : « Les choses sensibles, bien qu'elles ne reçoivent aucun changement en elles-mêmes, produisent néanmoins chez les malades des sensations différentes, et non les mêmes. » Ces passages sembleraient impliquer une existence distincte et absolue des objets des sens.

312. Mais il faut observer qu'Aristote distingue une double existence, potentielle et actuelle. Il ne s'ensuivra donc pas, selon Aristote, que, parce qu'une chose est, elle doit exister en acte. Cela est évident d'après le huitième livre de sa *Métaphysique*[74] où il blâme les philosophes mégariques de ne pas admettre une existence possible, distincte de l'existence en acte : il doit s'ensuivre, dit-il, qu' « il n'y a rien de froid, ni de chaud, ni de sucré, ni la moindre chose sensible, là où il n'y a point perception ». Il ajoute qu'en conséquence de cette doctrine mégarique, nous ne pouvons avoir de sens que quand nous les exerçons en acte : nous sommes des aveugles quand nous ne voyons pas, et donc « aveugles et sourds plusieurs fois en une seule journée ».

313. Les Péripatéticiens distinguaient les ἐντελέχειαι πρῶται, c'est-à-dire, les sciences, les arts et les habitus, des actes ou

72. *Théétète,* 157 A, 160 B.
73. *Métaphysique,* XI, 6, 1063 a.
74. *Métaphysique,* IX, 3, 1046 b.

ἐντελέχειαι δεύτεραι, et ils supposaient que ceux-là existaient dans l'esprit, bien que non exercés (mis en acte). Cela semble illustrer la manière selon laquelle Socrate, Platon et leurs disciples concevaient l'existence de notions innées (Sect. 309) dans l'âme de l'homme. C'est la doctrine platonicienne que les âmes ou esprits humains, descendent d'en haut, et sont semées lors de la génération ; qu'elles sont étourdies, hébétées et grisées par cette descente et cette immersion dans la nature animale ; et que l'âme, dans cet ὀνείρωξις ou assoupissement, oublie ses notions originelles, qui sont étouffées et oppressées par bien des opinions fausses et des préjugés des sens [75]. A tel point que Proclus [76] compare l'âme, revêtue pendant sa descente de préjugés croissants, à Glaucus plongeant au fond de la mer, et s'y couvrant de diverses couches d'algues, de corail, et de coquillages, qui adhèrent étroitement à lui et dissimulent sa forme véritable.

314. De là vient, selon cette philosophie, que l'esprit de l'homme soit si impatient de secouer cet assoupissement, de se délivrer et de s'émanciper de ces préjugés et de ces opinions fausses, qui le serrent et collent à lui de si près, d'ôter ces voiles qui cachent sa forme originelle, et de retrouver son état primitif et ses notions premières ; de là vient cette lutte perpétuelle pour regagner la région de lumière qu'il a perdue, cette soif et cette quête ardentes de la vérité et des idées intellectuelles : il ne chercherait pas à les atteindre, il ne se réjouirait pas en elles, il ne saurait pas qu'il les a atteintes, s'il n'en avait quelque prénotion ou anticipation, si elles ne se tenaient innées et sommeillantes, comme les habitus et les sciences dans l'esprit, ou comme des choses amassées, qui sont évoquées et excitées par la mémoire ou réminiscence. En sorte qu'apprendre semble être, en fait, se souvenir.

315. Les Péripatéticiens eux-mêmes distinguent entre réminiscence et simple mémoire. Thémistius observe [77] que les meilleures mémoires vont ordinairement de pair avec les plus pauvres talents ; mais que la réminiscence est la plus parfaite chez les esprits les plus doués. Et malgré la *tabula rasa* d'Aristote (Sect. 308), certains de ses disciples ont cependant entrepris de le faire parler au sens de Platon. Ainsi Plutarque le péripatéticien enseigne, comme conforme à la doctrine de

75. *Timée*, 52 B.
76. *Commentarium in Alcibiadem Platonis Priorem.*
77. *In De memoria et reminiscentia*, I.

son maître, qu'apprendre est se souvenir, et que le νοῦς καθ' ἕξιν se trouve chez les enfants. Simplicius aussi, dans son commentaire sur le troisième livre d'Aristote περὶ ψυχῆς[78], parle d'une certaine raison intérieure à l'âme, qui agit d'elle-même, et qui est, à l'origine, pleine de ses propres notions à elle, πλήρης ἀφ' ἑαυτοῦ τῶν οἰκείων γνωστῶν.

316. Et tout comme la philosophie platonicienne suppose que les notions intellectuelles sont, à l'origine, inexistantes ou innées dans l'âme (Sect. 309, 314), elle suppose de même que les qualités sensibles existent (mais non pas à l'origine) dans l'âme, et là seulement. Socrate dit à Théétète[79] : « Tu ne dois pas penser que la couleur blanche que tu vois se trouve en quelque chose hors de tes yeux, ni dans tes yeux, ni en quelque endroit que ce soit. » Et dans le *Timée*[80], Platon enseigne que la figure et le mouvement des particules de feu, en divisant les parties de nos corps, produisent cette sensation pénible que nous appelons chaleur. Et Plotin, au sixième livre de sa deuxième *Ennéade*[81], observe que la chaleur et les autres qualités ne sont pas des qualités dans les choses elles-mêmes, mais des actes ; que la chaleur n'est pas une qualité, mais un acte, dans le feu ; que le feu n'est pas réellement ce que nous percevons dans les qualités lumière, chaleur et couleur. A partir de tout cela, il est évident que, quelles que soient les choses réelles qu'ils supposent exister indépendamment de l'âme, celles-ci ne sont ni les choses sensibles, ni des choses revêtues de qualités sensibles.

317. Ni Platon ni Aristote n'entendaient par matière, ὕλη, la substance corporelle, quoi que les modernes puissent entendre par ce terme. Pour eux, à n'en pas douter, elle ne signifiait point en être positif, réel. Aristote la décrit comme faite de négations[82], n'ayant ni quantité, ni qualité, ni essence. Et non seulement les Platoniciens et les Pythagoriciens, mais aussi les Péripatéticiens eux-mêmes déclarent qu'elle n'est connue ni par les sens, ni par un raisonnement direct et juste, mais seulement par une méthode fausse ou adultérine, comme on l'a observé plus haut. Simon Portius, péripatéticien célèbre du XVIe siècle, nie qu'elle soit une substance, car, dit-il, Nequit

78. Ch. 4.
79. *Théétète,* 153 D.
80. *Timée,* 61 E.
81. *Ennéades,* II, vi, 3.
82. *Métaphysique,* VII, 3, 1029 a.

per se subsistere, quia sequeretur id quod non est in actu esse in actu[83]. Si l'on peut en croire Jamblique[84], les Egyptiens supposaient que la matière était si loin d'inclure quelque chose de la substance ou de l'essence, que, selon eux, Dieu l'avait produite par séparation de toute substance, essence, ou être, ἀπὸ οὐσιότητος αποχισθείσης ὑλότητος. Que la matière n'est réellement rien, mais potentiellement toutes choses, est la doctrine d'Aristote, de Théophraste, et de tous les anciens Péripatéticiens.

318. Selon ces philosophes, la matière est seulement une *pura potentia,* une pure possibilité. Mais on représente Anaximandre, successeur de Thalès, comme ayant pensé que la Divinité suprême est matière infinie. Néanmoins, bien que Plutarque l'appelle matière[85], c'était simplement τὸ ἄπειρον, qui ne signifie rien de plus qu'infini ou indéfini. Et bien que les modernes enseignent que l'espace est réel et infiniment étendu, cependant, si l'on considère que ce n'est pas une notion intellectuelle, et qu'il n'a encore été perçu par aucun de nos sens, on inclinera peut-être à penser avec Platon dans le *Timée*[86] que c'est aussi le résultat d'un λογισμὸς νόθος ou raisonnement faux, et une sorte de rêve éveillé. Platon observe que nous rêvons, pour ainsi dire, quand nous pensons au lieu, et que nous croyons qu'il est nécessaire que tout ce qui existe existe en un lieu. Ce lieu ou espace (Sect. 250, 270), observe-t-il aussi, est μετ' ἀναισθησίας ἁπτόν [87], c'est-à-dire, doit être ressenti comme on voit l'obscurité, ou comme on entend le silence, car c'est une pure privation.

319. Si quelqu'un pensait à inférer la réalité ou être actuel de la matière à partir de la doctrine moderne selon laquelle la gravité[88] est toujours proportionnelle à la quantité de matière, qu'il examine seulement de près la démonstration moderne de cette doctrine, et il trouvera que c'est un cercle vicieux[89] : elle ne conclut à la vérité à rien de plus que ceci — que la gravité est proportionnelle au poids, c'est-à-dire à elle-même.

83. Simone Porta (mort en 1555), disciple de Pomponace. *De Humana Mente Disputatio,* 1551, c. vii.

84. *Des mystères d'Egypte,* VIII, 3.

85. Pseudo-Plutarque, *De plac. philos.,* I, 3.

86. *Timée,* 52 B.

87. *Ibid.*

88. Cf. *De motu,* Sect. 6, 11, 17.

89. Cf. *Philosophical Commentaries,* 361, 618 ; *Three Dialogues,* III ; lettre du 25 nov. 1729 à Johnson.

Puisque la matière est conçue seulement comme défaut et pure possibilité ; et puisque Dieu est perfection et acte absolus ; il s'ensuit qu'il y a la plus grande distance et la plus grande opposition imaginables entre Dieu et la matière. A tel point qu'un Dieu matériel serait tout à fait contradictoire.

320. La force qui produit, l'intellect qui ordonne, la bonté qui parfait toutes choses est l'Etre suprême. Le mal, le défaut, la négation n'est pas l'objet du pouvoir créateur de Dieu. A partir du mouvement, les Péripatéticiens esquissent un premier Moteur immuable. Les Platoniciens font de Dieu l'auteur de tout bien, l'auteur d'aucun mal, immuable également. Selon Anaxagore, il y avait une masse confuse de toutes choses en un seul chaos ; mais l'esprit survenant, ἐπελθών [90], les distingua et les divisa. Anaxagore, semble-t-il, attribuait la faculté motrice à l'esprit ; certains philosophes postérieurs ont distingué avec précision l'esprit de l'âme et de la vie, attribuant à celui-là la seule faculté de l'intellection.

321. Mais on tenait toujours Dieu pour le premier agent, la source et l'origine de toutes choses, qu'Il produit, non pas occasionnellement ni instrumentalement, mais avec une efficacité actuelle et réelle. Ainsi le traité *De secretiore parte divinae sapientiae secundum Ægyptios,* au livre dixième, dit de Dieu qu'Il est non seulement le premier Agent, mais aussi que c'est Lui qui agit ou crée véritablement, *qui vere efficit.*

322. Varron, Cicéron et saint Augustin entendent par âme *vis,* le pouvoir ou force qui agit, qui meut, qui vivifie. Maintenant, bien que, dans notre manière de voir, *vis* ou souffle puisse être distingué d'esprit, il ne s'ensuit pas que celui-là agit aveuglément ou sans esprit, ni qu'il n'est pas étroitement lié à l'intellect. S'il faut en croire Plutarque [91] dans le rapport qu'il fait des opinions des philosophes, Thalès soutenait que l'esprit du monde est Dieu ; Démocrite soutenait que l'âme du monde est une divinité igniforme (Sect. 166, 168, 277) ; Pythagore enseignait que Dieu était la monade et le bien, ou τ'ἀγαθόν ; Socrate aussi et Platon déclaraient qu'il est le τὸ ἕν (Sect. 287), l'unique, l'un qui tire son origine de lui-même, l'essentiellement bon. Chacune de ces appellations et de ces expressions tend directement vers l'Esprit et se détermine en lui, εἰς τὸν νοῦν σπεύδει, dit Plutarque.

90. Diogène Laërce, II, 6.
91. Pseudo-Plutarque, *De plac. philos.*, I, 7.

323. D'où cet auteur conclut qu'au sens de ces philosophes, Dieu est un Esprit, χωριστὸν εἶδος — non pas une idée abstraite, composée d'éléments contradictoires, et coupée de toutes les choses réelles, comme certains modernes comprennent l'abstraction[92] ; mais un Souffle qui existe réellement, distinct ou séparé de tous les êtres sensibles et corporels. Et bien qu'on représente les Stoïciens comme soutenant qu'il existe une divinité corporelle, ou que le système lui-même du monde est Dieu, il est cependant certain qu'au fond, ils ne s'écartaient pas de la doctrine déjà mentionnée ; attendu qu'ils supposaient que le monde est un animal (Sect. 276, 279), composé d'une âme ou esprit, aussi bien que d'un corps.

324. Cette notion était dérivée des Pythagoriciens, qui soutenaient que le monde, comme l'enseigne Timée de Locres, est un seul animal parfait, doué d'âme et de raison : mais alors, ils croyaient qu'il avait été engendré : tandis que les Stoïciens considéraient le monde comme le Dieu suprême, comprenant en lui l'esprit ou intellect. En effet, le feu élémentaire, ou si l'on peut s'exprimer ainsi, le souffle animal du monde, semble, selon eux, avoir été le véhicule de l'âme (Sect. 277, 284), le véhicule de l'intellect ou νοῦς ; puisqu'ils appelaient la Divinité πῦρ νοερόν (Sect. 272), ou feu intellectuel.

325. Les Egyptiens, si l'on en croit les écrits hermétiques, soutenaient que Dieu est toutes choses, non seulement actuelles, mais possibles. Ils l'appellent : Ce qui est fait et ce qui n'est pas fait. Et il y est dit : « Te louerai-je pour ces choses que tu as rendues manifestes, ou pour les choses que tu as cachées ? »[93] Donc, dans leur sens, manifester était créer, les choses créées ayant été auparavant cachées en Dieu.

326. Maintenant, que le νοῦς soit abstrait du monde sensible, et considéré par lui-même comme distinct du système créé et comme y présidant ; ou que l'univers tout entier, comprenant l'esprit avec le corps mondain, soit conçu comme étant Dieu (Sect. 300), et les créatures comme étant des manifestations partielles de l'essence divine ; il n'y a point d'athéisme dans les deux cas, quelles que soient les idées fausses qu'il puisse y avoir, aussi longtemps que l'on comprend que l'esprit ou intellect préside à la structure tout entière des choses, la

92. Cf. *Principles*, Introd., Sect. 6 sv.
93. *Poimandrès*, V, 11.

gouverne et la conduit. Et c'était l'opinion générale qui prévalait chez les philosophes.

327. Et si quelqu'un, à la suite d'Aristote dans sa *Métaphysique*[94], niait que Dieu connaisse quelque chose en dehors de Lui-même, vu que Dieu comprend toutes choses, on ne pourrait à bon droit tenir cela pour une opinion athée. Et l'on ne peut non plus considérer comme de l'athéisme la notion suivante du même auteur, à savoir, qu'il y a des choses qui sont au-dessous de la connaissance de Dieu, car elles sont trop méprisables, basses et viles ; si erronée que puisse être cette notion, et si indigne de la perfection divine.

328. Ne pourrait-on concevoir qu'on pût dire de Dieu qu'Il est Tout en divers sens ? — vu qu'Il est la cause et l'origine de tous les êtres ; que le νοῦς est les νοητά, doctrine commune aux Platoniciens et aux Péripatéticiens (Sect. 309, 310) ; que le νοῦς est le lieu de toutes les formes ; et que c'est la même réalité qui comprend et ordonne (Sect. 320) et soutient le système du monde tout entier. Aristote déclare que la force ou influence divine pénètre l'univers entier (Sect. 173), et que ce qu'est le pilote au navire, le conducteur au char, le chef de chœur au chœur lui-même, la loi à la cité, le général à l'armée, le même Dieu l'est au monde. Il expose cela tout au long de son livre *De mundo*[95] ; ce traité, qui lui a été attribué de vieille date, ne devrait pas être rejeté pour une différence de style (comme l'observe à juste titre Patricius)[96], car il se trouve dans une lettre adressée à un roi, et, pour cette raison, il pourrait bien différer des autres parties, sèches et rébarbatives, de ses écrits.

329. Et bien qu'on rencontre des expressions chez les philosophes, même des sectes platoniciennes et aristotéliciennes, qui parlent de Dieu comme se mêlant à toute la nature et à tous les éléments, ou comme se répandant partout ; il faut cependant expliquer cela par la force, et non par l'étendue, qui n'a jamais été attribuée à l'esprit (Sect. 290, 293, 297, 319) ni par Aristote ni par Platon. Ils ont toujours soutenu que celle-là est incorporelle ; et, comme le remarque Plotin[97], les choses incorpo-

94. *Métaphysique*, XII, 7, 1072 b.
95. *De mundo*, c. 6, 400 b.
96. Francesco Patrizzi. Cf. *Discussiones peripateticae*, 1571, et *Nova de universis philosophia*, 1591.
97. *Ennéades*, VI, iv, 4.

relles sont distantes l'une de l'autre non par la place, mais (pour reprendre son expression) par *altérité*.

330. Ces dissertations sembleront sans doute sèches et inutiles aux lecteurs qui sont accoutumés à considérer seulement les objets sensibles. Employer l'esprit à des choses purement intellectuelles est ennuyeux pour la plupart des hommes, alors que les puissances sensibles, par un exercice continu, acquièrent de la force. De là vient que les objets des sens nous affectent plus fortement (Sect. 264, 294), et qu'on les tient trop souvent pour le bien principal. Pour ces choses, les hommes se battent, trichent et jouent des pieds et des mains. Par suite, dans le but d'apprivoiser l'humanité, et d'introduire un sens de la vertu, le meilleur moyen à la portée d'un homme est d'exercer leur entendement, de leur faire entrevoir un autre monde, supérieur au monde sensible, et, tandis qu'ils s'appliquent à chérir et à maintenir la vie animale, de leur enseigner à ne pas négliger la vie intellectuelle.

331. Les études dominantes ne sont pas de peu d'importance pour l'Etat, la religion, les bonnes manières et le gouvernement civil d'un pays, car il tire toujours quelque penchant de sa philosophie, qui affecte non seulement l'esprit de ses professeurs et de ses étudiants, mais aussi les opinions de tous les gens de condition, et la manière de vivre du peuple tout entier, de façon éloignée et indirecte, sans doute, mais non négligeable. N'a-t-on pas observé que la philosophie polémique et scolastique a engendré des controverses dans la justice et dans la religion ? Et le fatalisme et le saducéisme [98] n'ont-ils pas gagné du terrain durant la passion générale pour la philosophie atomiste et mécaniste, qui prévaut depuis un siècle environ ? Celle-ci aurait certes pu occuper, non sans utilité, une partie des loisirs et de la curiosité des chercheurs. Mais quand elle est entrée dans les séminaires de l'étude comme un accomplissement nécessaire et une partie très importante de l'éducation, en captivant la pensée des hommes, et en fixant si fortement leur esprit sur les objets corporels et sur les lois du mouvement, elle les a détournés, de façon si involontaire, si indirecte que ce soit, et par accident, mais cependant de façon assez considérable, des questions spirituelles, morales et intellectuelles. A n'en pas douter, si la philosophie de Socrate et de Pythagore avait prévalu à notre époque parmi ceux qui se croient trop sages

98. Cf. Joseph Glanvill, *Sadducismus triumphatus*, 1681.

pour recevoir les commandements de l'évangile, on n'aurait pas vu l'intérêt s'emparer si généralement et si fermement de l'esprit des hommes, ni le dévouement au bien public taxé de γενναῖαν εὐήθειαν, de généreuse folie, parmi ceux qu'on estime être la partie la plus cultivée aussi bien que la plus avide de l'humanité[99].

332. On pourrait fort bien tenir pour du badinage sérieux le fait de dire à mes lecteurs que les plus grands hommes ont toujours eu une haute estime de Platon ; dont les écrits sont la pierre de touche d'un esprit hâtif et peu profond ; dont la philosophie a été l'admiration des siècles ; qui a fourni des patriotes, des magistrats, des législateurs aux Etats les plus florissants, aussi bien que des Pères à l'Eglise, et des docteurs à l'Ecole. Bien que, de nos jours, on sonde rarement les profondeurs de cette antique culture ; il serait cependant heureux pour ce pays si les jeunes de la haute et de la petite noblesse, au lieu des maximes modernes, voulaient se pénétrer des notions des grands hommes de l'antiquité. Mais à notre époque de libre pensée, bien des têtes vides hochent devant Aristote et Platon, aussi bien que devant les Saintes Ecritures. Et la plupart des hommes traitent sur un pied d'égalité les écrits de ces célèbres anciens et les élucubrations sèches et barbares des scolastiques. On peut présumer avec modestie qu'il n'y en a pas beaucoup parmi nous, même parmi ceux qu'on appelle les gens de condition, qui aient plus de bon sens, de vertu et d'amour de leur pays que Cicéron, qui, dans une lettre à Atticus[100], ne pouvait s'empêcher de s'écrier : *O Socrates et Socratici viri ! numquam vobis gratiam referam.* Plaise à Dieu que beaucoup de nos compatriotes aient la même dette envers ces écrivains socratiques ! A n'en pas douter, là où les gens sont bien éduqués, l'art de piloter un Etat s'apprend au mieux dans les écrits de Platon. Mais parmi les mauvaises gens, sans discipline et sans éducation, Platon, Pythagore et Aristote eux-mêmes, s'ils étaient en vie, ne pourraient faire que peu de bien. Platon a tracé un tableau très humoristique et très instructif d'un tel Etat ; je ne le transcrirai pas pour certaines raisons. Mais quiconque a reçu l'esprit en partage peut le voir à la page 78 du second tome de l'édition d'Aldus des œuvres de Platon[1].

99. Cf. *Alciphron,* Dialogue II.
100. Ad Atticum, XIV, 9.
1. *Editio princeps* des œuvres de Platon en grec, Venise, 1513. Le passage visé est *République,* 488.

333. Proclus, au premier livre de son *Commentaire sur la théologie de Platon*[2], observe que, comme dans les mystères, ceux qui sont initiés rencontrent d'abord des dieux nombreux et multiformes, mais lorsqu'ils sont entrés et qu'ils ont été profondément initiés, reçoivent l'illumination divine et participent à la Divinité elle-même ; de façon analogue, si l'âme cherche au dehors, elle voit les ombres et les images des choses, mais si elle rentre en elle-même, elle démêle et voit sa propre essence. D'abord, elle semble seulement se voir elle-même, mais ayant pénétré plus loin, elle découvre l'esprit. Et à nouveau, pénétrant encore plus loin dans le sanctuaire le plus secret de l'âme, elle contemple le θεῶν γένος. Et c'est là, dit-il, le plus excellent de tous les actes humains, dans le silence et le repos des facultés de l'âme, de tendre vers la Divinité elle-même, d'approcher et d'être étroitement joint à ce qui est ineffable et supérieur à tous les êtres. Quand elle s'est élevée jusqu'au premier principe, elle met fin à son voyage et se repose. Telle est la doctrine de Proclus.

334. Mais Socrate, dans le *Premier Alcibiade*[3], enseigne, d'autre part, que la contemplation de Dieu est le moyen propre de connaître ou de comprendre notre âme. Comme l'œil, dit-il, lorsqu'il regarde fixement la partie qui voit ou pupille d'un autre œil, se voit lui-même, ainsi l'âme se voit et se comprend tandis qu'elle contemple la Divinité, qui est sagesse et vertu, ou semblable à elle. Dans le *Phédon*[4], Socrate parle de Dieu comme étant τἀγαθὸν et τὸ δέον, le bien et le juste (Sect. 260, 220) ; Plotin représente Dieu comme l'ordre[5] ; Aristote, comme la loi[6].

335. Il peut sembler plus raisonnable et plus pieux à ceux à qui on a appris à discourir sur les substrata, d'attribuer à la Divinité un être plus substantiel que les entités notionnelles de sagesse, d'ordre, de loi, de vertu ou de bonté : elles ne sont, en effet, que des idées complexes, formées et assemblées par l'entendement ; elles sont, par suite, ses propres créatures, sans rien de substantiel, de réel ni d'indépendant en elles. Mais il faut considérer que, dans le système platonicien, l'ordre, la vertu, la loi, la bonté et la sagesse ne sont pas des créatures de l'âme

2. *Théologie platonicienne*, I, 3.
3. *Alcibiade*, 133.
4. *Phédon*, 99 C.
5. *Ennéades*, III, v, 5.
6. *De mundo*, c. 6, 400 b.

de l'homme, mais qu'ils sont innés et qu'ils y existent à l'origine, non comme des accidents dans une substance, mais comme une lumière pour illuminer, et comme un guide pour gouverner. Dans la langue de Platon, le terme *idée* ne signifie pas simplement un objet de l'entendement inerte et inactif, mais il est employé comme synonyme de αἴτιον et de ἀρχή, cause et principe. Selon ce philosophe, la bonté, la beauté, la vertu et autres idées de ce genre ne sont pas des fictions de l'esprit, ni de simples modes mixtes [7], ni des idées abstraites [8] au sens moderne, mais les choses les plus réelles, intellectuelles et immuables, et donc plus réelles que les objets fugitifs et passagers des sens (Sect. 306), qui, manquant de stabilité, ne peuvent être objets de science (Sect. 264, 266, 267), et encore moins de connaissance intellectuelle.

336. Parménide, Timée et Platon distinguaient, comme on l'a déjà noté, entre *genitum* et *ens*. La première espèce est toujours en train d'engendrer ou *in fieri* (Sect. 304, 306), mais elle n'existe jamais, car elle ne continue jamais la même, étant dans un changement continuel, périssant et produisant sans cesse. Par *entia*, ils désignaient des choses qui sont éloignées des sens, invisibles et intellectuelles, qui, ne changeant jamais, sont toujours les mêmes, et qu'on peut donc dire exister véritablement : οὐσία, qu'on traduit généralement par substance, mais plus exactement par essence, n'était pas censée appartenir aux choses sensibles et corporelles, qui n'ont pas de stabilité ; mais plutôt aux idées intellectuelles, bien qu'elles soient discernées avec plus de difficulté, et qu'elles fassent moins d'impression sur un esprit hébété et plongé dans la vie animale, que les objets grossiers qui assiègent et sollicitent continuellement nos sens.

337. L'intellect humain le plus raffiné, tendu à l'extrême, ne peut saisir que de manière imparfaite et momentanée les Idées divines (Sect. 313, 330), qui sont asbtraites de toutes choses corporelles, sensibles et imaginables. Par suite, Pythagore et Platon les traitaient de façon mystérieuse, les cachant plutôt que les exposant aux yeux du vulgaire ; tant ils étaient loin de penser que ces choses abstraites, encore que les plus réelles, étaient les plus aptes à influencer des esprits communs, ou à devenir des principes de connaissance, pour ne pas dire de devoir et de vertu, pour l'ensemble de l'humanité.

7. Cf. Locke, *Essay*, II, xxii, 2.
8. Cf. *Principles*, Introd., Sect. 6 sv.

338. Aristote et ses disciples ont représenté de façon monstrueuse les Idées platoniciennes ; et certains membres de l'école même de Platon ont dit des choses très étranges à leur sujet. Mais si l'on ne se contentait pas de lire ce philosophe, mais qu'on l'étudiât avec soin, et qu'on le fît s'interpréter lui-même, je crois que les préjugés que l'on nourrit aujourd'hui à son égard disparaîtraient bientôt (Sect. 309, 313) ou se changeraient même en une haute estime pour ces notions élevées et ces nobles allusions qui étincellent et brillent à travers tous ses écrits, qui semblent contenir non seulement l'enseignement le plus précieux d'Athènes et de la Grèce, mais aussi le trésor des plus anciennes traditions et de la science primitive de l'Orient.

339. Dans le *Timée* de Platon [9], on fait mention de personnages antiques, auteurs de traditions, et descendants des dieux. Il est très remarquable que, dans le récit de la création contenu dans le même ouvrage, on dise que Dieu fut content de Son œuvre, et que la nuit soit placée avant le jour. Plus on y réfléchit, plus on trouve difficile de concevoir comment l'homme laissé à lui-même, grandi dans les coutumes vulgaires de la vie, et accablé par la sensualité, serait jamais capable de parvenir à la science sans une tradition (Sect. 298, 310, 302) ou un enseignement, qui puisse soit semer les germes de la connaissance, soit faire naître et exciter ces germes latents, semés à l'origine dans l'âme.

340. Les âmes humaines en cette basse condition, voisine de la vie purement animale, portent le poids et voient dans les ténèbres d'une atmosphère alourdie, accumulée à partir de faux jugements émis chaque jour, de fausses opinions apprises chaque jour, et de coutumes primitives, plus anciennes que le jugement ou l'opinion. A travers un tel milieu, l'œil le plus perçant ne peut voir clairement (Sect. 292, 293, 294). Et si, par quelque effort extraordinaire, l'esprit surmonte cette région ténébreuse et saisit un rayon de pure lumière, il est bientôt tiré en arrière et abattu par le poids de la nature animale à laquelle il est enchaîné. Et s'il tente à nouveau, en proie à l'agitation de folles chimères et de violentes affections, de s'élancer vers le haut, une seconde rechute suit rapidement, dans cette région de ténèbres et de rêves.

341. Néanmoins, comme l'esprit gagne en force par des actes répétés, nous ne devrions pas perdre courage, mais

9. *Timée,* 23 ; 37 C.

continuer à exercer la fleur de nos facultés, en nous ressaisissant toujours, et en continuant à nous élever, et en luttant pour pénétrer dans la région supérieure : nous remédierons peut-être ainsi, dans une certaine mesure, à notre faiblesse et à notre aveuglement naturels, et nous acquerrons le goût de la vérité et de la vie intellectuelle. Outre l'opinion constamment dominante des plus grands hommes de l'antiquité, selon laquelle il y a tout à la fois un Souffle universel, auteur de la vie et du mouvement, et un Esprit universel, qui éclaire et ordonne toutes choses, c'était une doctrine reçue parmi eux qu'il y a aussi τὸ ἓν ou τἀγαθόν (Sect. 329), qu'ils considéraient comme la *Fons Deitatis,* la première hypostase de la Divinité.

342. L'un, ou τὸ ἕν, étant immuable et indivisible, toujours le même et toujours complet, était donc censé exister véritablement et originellement, et les autres choses seulement dans la mesure où elles sont une et la même, par participation au τὸ ἕν Il donne l'unité, la stabilité, la réalité aux choses (Sect. 264, 306). Platon décrit Dieu, comme Moïse [10], à partir de Son être. Selon eux, Dieu est Celui qui est véritablement, ὁ ὄντως ὄν. Le changement et la division étaient tenus pour des défauts ou pour mauvais. Le mal disperse, divise, détruit. Le bien, au contraire, produit la concorde et l'union, assemble, combine, parfait, et préserve intact. Les divers êtres qui composent l'univers sont les parties d'un seul système ; ils s'assemblent pour tendre vers une seule fin, et parfaire un seul tout. Et cette inclination et ce concours fournissent l'idée partielle et particulière de bien chez les créatures distinctes. Par suite, il aurait pu se produire que τἀγαθὸν et τὸ ἕν fussent regardés comme un seul et même être.

343. La lumière et la vue (dit Platon au sixième livre de la *République*) [11] ne sont pas le soleil : de même, la vérité et la connaissance ne sont pas le Bien lui-même, encore qu'elles en approchent. D'autre part, ce que le Soleil est dans un endroit visible par rapport à la vue et aux choses vues, τἀγαθὸν ou le Bien l'est en un lieu intelligible par rapport à l'entendement et aux choses comprises. Le Bien ou l'Un n'est donc pas la lumière qui illumine, mais la source de cette lumière.

344. Chaque instant produit quelque changement dans les parties de la création visible. Quelque chose est ajouté ou retiré,

10. *Exode,* III, 14.
11. *République,* VI, 508.

ou altéré quant à l'essence, la quantité, la qualité, ou l'habitus. C'est pourquoi les anciens disaient que tous les êtres engendrés sont en un flux perpétuel (Sect. 304, 336). Et ce qui semble, d'un point de vue confus et général, un seul être stable, apparaîtra, si on l'examine de plus près, comme une série continue d'êtres différents. Mais Dieu demeure à jamais un seul et même être. Donc Dieu seul existe. C'était la doctrine d'Héraclite, de Platon et d'autres anciens.

345. C'est l'opinion de Platon et de ses disciples que, dans l'âme de l'homme, antérieur et supérieur à l'intellect, il y a quelque chose d'une nature plus élevée, en vertu de quoi nous sommes un ; et que, par le moyen de cette unité, nous sommes très étroitement associés à Dieu. Et comme par notre intellect nous touchons l'Intellect divin, de même, par notre τὸ ἓν ou unité, la fleur même de notre essence, selon l'expression de Proclus [12], nous touchons le premier Un.

346. Selon la philosophie platonicienne, *ens* et *unum* sont la même chose. Et, par suite, nos esprits participent à l'existence dans la mesure où ils participent à l'unité. Mais il semblerait que la personnalité soit le centre indivisible de l'âme ou esprit, qui est une monade dans la mesure où elle est une personne. La personne est donc réellement ce qui existe, attendu qu'elle participe à l'unité divine. Chez l'homme, la monade ou élément indivisible est le αὐτὸ τὸ αὐτό, le moi identique à lui-même ou moi par excellence, chose que, de l'avis de Socrate, nous devons examiner et discuter souvent et de près, afin que, nous connaissant nous-mêmes, nous puissons connaître ce qui nous appartient et constitue notre bonheur.

347. Après mûre réflexion, il semble que la personne ou esprit de tous les êtres créés soit seule indivisible et participe le plus à l'unité. Mais les choses sensibles sont plutôt considérées comme une, qu'elles ne le sont véritablement, puisqu'elles sont dans un flux ou succession perpétuelle, à jamais différentes et variées. Néanmoins, on peut considérer que toutes les choses ensemble forment un seul univers (Sect. 287, 288), un par la connexion, la relation et l'ordre de ses parties, qui est l'œuvre de l'esprit, dont l'unité est supposée par les Platoniciens être une participation au premier τὸ ἕν.

12. *Théologie platonicienne*, III, 1.

348. Socrate, dans le *Théétète* de Platon, parle de deux partis de philosophes : les ῥέοντες et οἱ τοῦ ὅλου στασιῶται[13], les philosophes fluents, qui soutenaient que toutes choses sont dans un flux perpétuel, toujours en devenir et n'existant jamais, et d'autres qui maintenaient que l'univers est fixe et immuable. La différence semble avoir été celle-ci : Héraclite, Protagoras, Empédocle, et, en général, ceux de la première secte, considéraient les choses sensibles et naturelles ; tandis que Parménide et son parti considéraient τὸ πᾶν non comme le monde sensible, mais comme le monde intelligible (Sect. 293, 294, 295), distinct de toutes les choses sensibles.

349. De fait, si par *choses* nous entendons les objets sensibles, ceux-ci, c'est évident, sont toujours en écoulement ; mais si nous entendons les choses purement intelligibles, alors nous pouvons dire, d'autre part, tout aussi véritablement, qu'elles sont immuables. En sorte que ceux qui ont considéré le Tout, ou τὸ πᾶν comme étant ἓν ἑστώς, l'Un fixe ou permanent, semblent avoir entendu le Tout des êtres réels, qui, dans leur sens, était seulement le monde intellectuel, puisqu'ils n'accordaient pas la réalité de l'être aux choses non permanentes.

350. Il est peut-être possible que certains lecteurs éprouvent du déplaisir à se voir entraînés à certaines réflexions et recherches pour lesquels ils n'ont pas de curiosité. Mais, peut-être, certains autres seront-ils heureux de trouver un sujet aride égayé par des digressions, assorti d'inférences éloignées, et poursuivi jusqu'à l'antiquité, dont les maximes vénérables (Sect. 298, 301), dispersées tout au long du présent essai, ne sont pas proposées comme des principes, mais tout juste comme des allusions destinées à éveiller le lecteur curieux et à l'exercer sur des questions qui ne sont point indignes de l'attention des esprits les plus capables. Ces grands hommes, Pythagore, Platon et Aristote, les plus versés en politique, qui fondèrent des Etats, ou instruisirent des princes, ou écrivirent avec une extrême précision sur le gouvernement public, étaient aussi des esprits très aptes aux spéculations abstraites et sublimes ; la lumière la plus radieuse étant toujours nécessaire pour guider les actions les plus importantes. Et, quoi que le monde puisse en penser, celui qui n'a pas longuement médité sur Dieu, sur l'esprit humain et sur le *summum bonum,* peut sans doute donner un ver de terre vigoureux, mais il fera très certainement un piètre patriote et un piètre homme d'Etat.

13. *Théétète,* 181 A.

351. Selon la métaphysique subtile de ces anciens philosophes, τὸ ἕν, étant considéré comme ce qui était le premier et le plus simple dans la Divinité, était même distingué de l'entité, à quoi il était censé être antérieur et supérieur ; et il est, par suite, appelé super-essentiel par les Platoniciens. Et, dans le *Parménide,* il est dit : τὸ ἓν n'existe pas [14] ; ce qui pourrait sembler impliquer une négation de l'être divin. A la vérité, Zénon et Parménide soutenaient qu'une chose qui existe dans le temps est à la fois plus vieille et plus jeune qu'elle-même ; donc, τὸ ἓν, qui est constant et immuable, n'existe pas dans le temps ; et s'il n'existe dans dans le temps, alors il n'existe pas non plus dans aucune des différences du temps passé, présent ou à venir ; donc, on ne peut dire qu'il était, qu'il est, ni qu'il sera. Mais, néanmoins, on admet, dans le même *Parménide* [15], queτὸ νῦν est partout présent à τὸ ἕν ; c'est-à-dire, qu'au lieu d'une succession temporaire de moments, il y a un seul maintenant éternel, ou *punctum stans,* comme l'appellent les scolastiques.

352. La simplicité de τὸ ἓν (le Père dans la Trinité pythagoricienne et platonicienne) est conçue de telle manière qu'elle exclut l'intellect ou esprit, auquel on la suppose antérieure : et cela a fait naître un soupçon d'athéisme à l'endroit de cette opinion : en effet, dit le savant Doctor Cudworth [16], dirons-nous que la première Hypostase ou Personne est ἄνους et ἄλογος, insensée et irrationnelle, et complètement dénuée d'esprit et d'entendement ? Ou cela n'introduirait-il pas une sorte de mystérieux athéisme ? A quoi on peut répondre que quiconque reconnaît que l'univers est créé et gouverné par un esprit éternel ne peut à juste titre être taxé d'athéisme (Sect. 154, 276, 279, 287). Et telle était la doctrine de ces anciens philosophes. Dans la doctrine platonicienne [17], la génération du νοῦς ou λόγος n'était pas contingente, mais nécessaire, pas temporelle, mais de toute éternité. On n'a jamais supposé un temps où τὸ ἓν subsistait sans intellect ; car la priorité était conçue seulement comme une priorité d'ordre ou de conception, mais non comme une proirité d'âge. Par suite, le fait le maintenir une distinction de priorité entre τὸ ἓν et νοῦς n'implique pas que l'un ait existé sans l'autre. Il s'ensuit donc qu'on peut dire, en un certain sens,

14. *Parménide,* 141.
15. *Id.,* 152 E.
16. *True intellectual System,* L. I, 4, xxxvi.
17. On dirait aujourd'hui : néo-platonicienne.

que le Père ou τὸ ἕν est ἄνους, sans qu'il y ait là athéisme, ou sans qu'on détruise pour autant la notion de Divinité [18] ; pas plus qu'on ne détruirait la notion d'âme humaine, si l'on concevait une distinction entre le moi et l'intellect, ou entre l'intellect et la vie. On peut encore ajouter que c'est une doctrine des Platoniciens, et qui s'accorde avec celles de leur maître, que de dire que τὸ ἕν ou la première Hypostase contient toute excellence et toute perfection, dont elle est la source originelle, et qu'elle est *eminenter*, comme dit l'Ecole, intellect et vie, aussi bien que bonté ; tandis que la seconde Hypostase est essentiellement intellect, et, par participation, bonté et vie ; et que la troisième est essentiellement vie, et, par participation, bonté et intellect.

353. Donc, à considérer la chose dans son ensemble, il ne semblera pas juste de taxer d'athéisme les philosophes qui ont soutenu la doctrine de τὸ ἓν, quelle soit prise en un sens abstrait ou collectif, en un sens métaphysique ou simplement au sens vulgaire (Sect. 300) : c'est-à-dire, que l'on distingue l'unité de l'essence et de l'intellect, puisque les distinctions métaphysiques des attributs divins ne les divisent pas en réalité ; ou que l'on considère le système universel des êtres comme Un, puisque l'union, la connexion et l'ordre de ses membres impliquent manifestement qu'un esprit ou intellect en est la cause.

354. L'UN ou τὸ ἓν peut être conçu soit par composition soit par division. En effet, comme, d'une part, on peut dire que le monde ou univers est un seul tout, ou un seul animal ; ainsi, de l'autre, on peut considérer L'UN, τὸ ἓν, par division ou abstraction, comme quelque chose d'antérieur à l'esprit dans l'ordre des choses. Dans un sens ou dans l'autre, il n'y a pas d'athéisme, aussi longtemps qu'on admet que l'esprit préside et dirige l'animal ; et aussi longtemps que l'on ne suppose pas que l'*Unum* ou τὸ ἓν existe sans esprit (Sect. 287, 288). De telle sorte qui ni Héraclite, ni Parménide, ni Pythagore, ni Platon, ni les Egyptiens, ni les Stoïciens, avec leur doctrine d'un Tout ou Animal divin, ni Xénophane avec son ἓν καὶ πᾶν ne peuvent être tenus à juste titre pour des athées. Donc, l'athéisme moderne, que ce soit celui de Hobbes, de Spinoza, de Collins [19], ou de qui vous voudrez, ne doit pas être sanctionné par la science ni les grands noms de l'antiquité.

18. Cf. *Alciphron*, IV, 16-22.

19. Anthony Collins (1676-1729), auteur de plusieurs ouvrages déistes ; déjà attaqué dans l'*Alciphron*.

355. Platon enseigne [20] que la doctrine concernant l'Un ou l'Unité est un moyen de conduire et d'élever l'esprit à la connaissance de Celui qui est véritablement (Sect. 294, 295). Et c'est une doctrine à la fois de Platon et d'Aristote que l'identité est une certaine unité. Les Pythagoriciens aussi, à l'égal des Platoniciens, soutenaient que *unum* et *ens* sont la même chose. En conséquence, cela seulement peut être dit exister qui est une seule et même chose. Dans les choses sensibles et imaginables, comme telles, il ne semble y avoir aucune unité, rien qu'on puisse appeler un, antérieur à tout acte de l'esprit ; puisque celles-ci, étant en elles-mêmes des agrégats, composés de parties ou d'éléments, sont en réalité plusieurs. Par suite, remarque Thémistius [21], le savant interprète d'Aristote, rassembler plusieurs notions en une seule, et les considérer comme une est l'œuvre de l'intellect, et non des sens, ni de l'imagination.

356. Aristote lui-même, au troisième livre *De l'âme,* dit que c'est l'esprit qui rend chaque chose une : τὸ δὲ ἓν ποιοῦν, τοῦτο ὁ νοῦς ἕκαστον [22]. Thémistius donne plus de détails [23] sur la façon dont cela se réalise : comme l'être confère l'essence, l'esprit, en vertu de sa simplicité, confère la simplicité aux êtres composés. Et, de fait, il semble que l'esprit, dans la mesure où il est personne, est individuel (Sect. 345, 346, 347), ressemblant ainsi à l'Un divin par participation, et conférant aux autres choses ce que lui-même participe d'en haut. Cela est conforme à la doctrine des anciens, quel que soit le succès, parmi les modernes, de l'opinion contraire, qui suppose que le nombre est une qualité première originale dans les choses [24], indépendante de l'esprit.

357. Les Péripatéticiens enseignaient que, dans toutes les choses divisibles, il y avait quelque chose d'indivisible, et dans toutes les choses composées, quelque chose de simple. Ils faisaient dériver ceci d'un acte de l'esprit. Et ni cette unité simple et indivisible, ni la somme d'unités répétées, en conséquence aucun nombre, ne peut être séparé des choses ellesmêmes, et de l'opération de l'esprit. Thémistius va jusqu'à affirmer qu'elle ne peut être séparée des mots ou signes ; et, comme elle ne peut être dite sans eux, ainsi, ajoute-t-il, elle ne

20. *République,* 525 A.
21. *De anima,* VI, 6.
22. *De l'âme,* III, 6, 430 b.
23. *De Anima,* VI, 6.
24. Cf. Locke, *Essay,* II, 8, ix.

peut pas non plus être conçue sans eux. Il est donc possible de tirer cette conclusion générale : il n'y a, dans les choses créées, ni unité, ni nombre qui soient distincts de l'esprit et de ses opérations.

358. Parmi les êtres inférieurs, l'esprit humain, moi au personne, est l'essence la plus simple et la plus indivise (Sect. 347). Et le Père suprême est l'Un le plus parfait. Par suite, les Platoniciens appellent l'envol de l'esprit vers Dieu φυγὴ μόνου πρὸς μόνον [25]. L'Etre suprême, dit Plotin, comme Il exclut toute diversité [26], est présent, toujours semblable à Lui-même. Et nous sommes alors présents à Lui, quand, recueillis et abstraits du monde et des objets sensibles, nous sommes les plus libres et les plus dégagés de toute variété (Sect. 268). Il ajoute que, dans l'intuition de la Divinité Suprême, l'âme trouve la fin et le repos qu'elle désirait ; ce philosophe l'appelle l'éveil, hors du corps, à elle-même.

359. Au dixième livre des *Arcanes* ou *Sagesse divine selon les Egyptiens* [27], on nous enseigne que l'Etre suprême n'est la cause d'aucune chose créée ; mais qu'Il produisit ou fit le Verbe ; et que tous les êtres créés furent faits par le Verbe, qu'on appelle en conséquence la Cause de toutes causes ; et que c'était aussi la doctrine des Chaldéens. De même, Platon, dans sa Lettre à Hermios, Erastus et Coriscus [28], parle de Dieu, maître et cause de toutes choses, comme ayant un Père : et, dans son *Epinomis* [29], il enseigne expressément que le Verbe ou λόγος fit le monde. Aussi, saint Augustin, dans son commentaire sur le commencement de l'évangile selon saint Jean [30], ayant déclaré que le Christ est la sagesse de Dieu, par qui tout a été fait, observe que cette doctrine se trouve aussi dans les écrits des philosophes, qui enseignaient que Dieu a un Fils unique, par qui sont toutes choses.

360. Maintenant, bien que Platon ait été doté de l'imagination la plus splendide et la plus magnifique, et d'une intelligence non moins profonde et claire, il ne faut cependant pas supposer que soit lui, soit quelque autre philosophe de la Grèce ou de l'Orient, ait atteint, par la lumière de la nature, à une notion

25. *Ennéades*, VI, ix, 11.
26. *Id.*, V, v, 8 ; VI, v, 9.
27. *De secretiore parte divinae Sapientiae secundum AEgyptios*, X, 17.
28. *Lettres*, VI, 323 D.
29. *Epinomis*, 986 C.
30. *In Johannis Evangelium*, Tract. II, 4.

adéquate de la Sainte Trinité ; ni même que leur notion imparfaite fût, dans sa ligne propre, exactement juste ; ni, peut-être, que ces allusions sublimes, qui traversent comme des éclairs l'épaisseur des ténèbres, aient jailli à l'origine de la dure roche de la raison humaine, mais qu'elles sont plutôt dérivées, du moins en partie, par une tradition divine (Sect. 298, 301), de l'auteur de toutes choses. Nous en avons, semble-t-il, une remarquable confirmation dans ce que Plotin observe dans sa cinquième *Ennéade*[31], à savoir, que cette doctrine d'une Trinité — Père, Esprit, et Ame — n'était point une invention récente, mais un ancien enseignement.

361. Il est certain que la notion d'une Trinité se trouve dans les écrits de nombreux philosophes païens de l'antiquité —, c'est-à-dire, la notion de trois Hypostases divines. Il apparaissait évident, aux yeux de la raison, que l'Autorité, la Lumière et la Vie soutenaient, pénétraient et animaient le système du monde ou macrocosme. Elles se manifestaient également dans le microcosme, en préservant l'âme et le corps, en illuminant l'esprit, et en mouvant les affections. Et elles étaient conçues comme des principes nécessaires et universaux, coexistant et coopérant de telle manière qu'elles n'existaient jamais séparément, mais qu'elles constituaient, au contraire, un seul Souverain Maître de toutes choses. Et, de fait, la puissance ou l'autorité pourraient-elles prévaloir ou subsister sans la connaissance ? Ou celles-ci sans la vie ni l'action ?

362. Dans l'administration de toutes choses, il y a l'autorité qui établit, la loi qui dirige, et la justice qui exécute. Il y a d'abord la source de toute perfection, ou *Fons Deitatis ;* deuxièmement, la raison suprême, ordre, ou λόγος ; et finalement, le souffle, qui vivifie et inspire. Nous sommes nés du Père, irradiés ou illuminés par le Fils, et mus par le Souffle. A n'en pas douter, qu'il y a Père, Fils et Souffle ; que ceux-ci sont en relation d'analogie avec le soleil, la lumière et la chaleur ; et qu'ils sont autrement exprimés par les termes Principe, Esprit et Ame, par Un ou τὸ ἓν, Intellect et Vie, par Bien, Verbe et Amour ; et que la génération n'était pas attribuée à la deuxième Hypostase, le νοῦς ou λόγος, par rapport au temps (Sect. 352), mais seulement par rapport à l'origine et à l'ordre, comme émanation éternelle et nécessaire : voilà les doctrines expresses

31. *Ennéades,* V, i, 8. Cf. Raoul Cudworth, *True intellectual System,* L. I, 4, xxxvi.

des Platoniciens, des Pythagoriciens, des Egyptiens et des Chaldéens.

363. Quoique l'on puisse bien présumer qu'on ne doive rien trouver sur ce sublime sujet, dans les écrits des hommes, qui ne porte la signature évidente de l'humanité, on ne peut toutefois nier que plusieurs Pères de l'Eglise ont jugé bon d'illustrer la doctrine chrétienne de la Sainte Trinité par des images et des expressions empruntées aux païens les plus éminents, qu'ils se représentaient comme n'étant point étrangers à ce mystère, ainsi que l'ont clairement prouvé Bessarion[32], Eugubinus[33], et Dr. Cudworth.

364. Par suite, si peu philosophique que cette doctrine puisse sembler à beaucoup de nos contemporains, il est pourtant certain que les hommes les plus fameux et les plus cultivés parmi les philosophes anciens ont soutenu qu'il existe une Trinité en Dieu. On doit accorder que, sur ce point, certains Platoniciens postérieurs parmi les Gentils semblent s'être égarés (comme l'on fait également beaucoup de Chrétiens) en poursuivant avec trop de curiosité les allusions tirées de leurs prédécesseurs.

365. Mais Platon lui-même considérait cette doctrine comme un mystère vénérable, à ne pas traiter à la légère, à ne pas divulguer inconsidérément. C'est pourquoi, dans une lettre à Denys[34], il écrit (comme il le déclare lui-même) de manière énigmatique et brève dans les termes suivants, qu'il donne pour le résumé de sa conception de l'Etre suprême, et que, vu qu'ils peuvent être traduits de diverses façons, je laisse au lecteur érudit le soin de déchiffrer : Περὶ τὸν πάντων βασιλέα πάντ' ἐστι, καὶ ἐκείνου ἕνεκα πάντα, καὶ ἐκεῖνο αἴτιον ἁπάντων τῶν καλῶν, δεύτερον δὲ περὶ τὰ δεύτερα, καὶ τρίτον περὶ τὰ τρίτα. Platon recommande à Denys, à de multiples reprises, de la façon la plus pressante, de ne pas souffrir que ce qu'il lui communique touchant le mystère de la nature divine tombe aux mains de gens illettrés ou vulgaires, donnant en outre comme raison de sa prudence, que rien ne pourrait sembler plus ridicule ni plus absurde au commun des hommes. Il ajoute que, au cas où des écrits pourraient s'égarer, la manière prudente de procéder est de ne rien écrire du tout sur ces

32. *Contra calumniatorem Platonis,* L. II, c. 3.

33. Agostino Steucho (1496-1549), préfet de la Bibliothèque vaticane. Cf. *De perenni philosophia,* L. II, c. 6 sq.

34. *Lettres,* II, 312 E, 314.

questions, mais de les enseigner oralement et de les apprendre par cœur : « Pour cette raison », dit-il, « je n'ai jamais rien écrit là-dessus, rien n'existe, rien n'existera jamais de la main de Platon sur ce sujet. » Il ajoute encore : « Quant à ce qui vient d'être dit, cela appartient entièrement à Socrate. »

366. Et, de fait, ce que ce philosophe, dans son Phèdre [35], dit de la région supra-céleste, et de la Divinité qui y réside, n'est pas de nature à être apprécié ni compris des esprits vulgaires ; ainsi, l'essence réellement existante, objet du seul intellect, sans couleur, sans figure, sans aucune qualité sensible. Il a pu très justement penser qu'une telle description doit sembler ridicule aux hommes sensuels.

367. Quant à l'intuition parfaite des choses divines, il suppose qu'elle est le lot des âmes pures, qui voient dans une lumière pure, initiées, heureuses, libres, non souillées par ces corps où nous sommes maintenant emprisonnés comme des huîtres. Mais, en ce mortel état, nous devons nous contenter de tirer le meilleur parti de ces visions fugitives, qui sont à notre portée (Sect. 335, 337). Platon remarque dans le même sens, dans son *Théétète* [36], que, si nous demeurons assis, nous n'en saurons jamais davantage, mais que, si nous entrons dans la rivière, si nous la descendons et si nous la remontons, nous découvrirons ses profondeurs et ses hauts-fonds. Si nous nous exerçons et si nous nous remuons, nous pouvons même y découvrir quelque chose.

368. L'œil, à la longue, en vient à voir dans la caverne la plus sombre : et il n'est pas de sujet si obscur où nous ne puissions discerner quelque étincelle de vérité, si nous le méditons longuement. Tous crient après la vérité, mais peu y excellent. A n'en pas douter, là où elle est la passion dominante, elle ne cède pas la place aux soucis ni aux idées vulgaires ; elle ne se contente pas davantage d'un peu d'ardeur au début de la vie, actif sans doute à poursuivre, mais peu enclin à peser et à réviser. Qui veut faire de réels progrès dans la voie de la connaissance doit consacrer sa vieillesse à l'égal de sa jeunesse, le développement tardif à l'égard des premiers fruits, sur l'autel de la Vérité.

« Cujusvis est errare, nullius nisi insipientis in errore perseverare » (CICÉRON.) [37]

35. *Phèdre,* 247 C.
36. *Théétète,* 200 E.
37. *Philippiques,* XII, 2.

IMPRIMERIE A. BONTEMPS
LIMOGES (FRANCE)
Dépôt légal : 2e trimestre 1971